T0198712

essentials

essentials liefern aktuelles Wissen in konzentrierter Form. Die Essenz dessen, worauf es als „State-of-the-Art" in der gegenwärtigen Fachdiskussion oder in der Praxis ankommt. *essentials* informieren schnell, unkompliziert und verständlich

- als Einführung in ein aktuelles Thema aus Ihrem Fachgebiet
- als Einstieg in ein für Sie noch unbekanntes Themenfeld
- als Einblick, um zum Thema mitreden zu können

Die Bücher in elektronischer und gedruckter Form bringen das Expertenwissen von Springer-Fachautoren kompakt zur Darstellung. Sie sind besonders für die Nutzung als eBook auf Tablet-PCs, eBook-Readern und Smartphones geeignet. *essentials:* Wissensbausteine aus den Wirtschafts-, Sozial- und Geisteswissenschaften, aus Technik und Naturwissenschaften sowie aus Medizin, Psychologie und Gesundheitsberufen. Von renommierten Autoren aller Springer-Verlagsmarken.

Weitere Bände in der Reihe http://www.springer.com/series/13088

Erich Kirchler · Julia Pitters ·
Barbara Kastlunger

Psychologie in Zeiten der Krise

Eine wirtschaftspsychologische
Analyse der Coronavirus-Pandemie

 Springer

Erich Kirchler
Fakultät für Psychologie (Wirtschafts-
psychologie), Universität Wien
Wien, Österreich

Julia Pitters
Wirtschaftspsychologie
IUBH-internationale Hochschule
Bad Reichenhall, Deutschland

Barbara Kastlunger
Digital Marketing & Communication
Management, DBU Digital Business
University of Applied Sciences
Berlin, Deutschland

ISSN 2197-6708   ISSN 2197-6716   (electronic)
essentials
ISBN 978-3-658-31270-1   ISBN 978-3-658-31271-8   (eBook)
https://doi.org/10.1007/978-3-658-31271-8

Die Deutsche Nationalbibliothek verzeichnet diese Publikation in der Deutschen Nationalbiblio-
grafie; detaillierte bibliografische Daten sind im Internet über http://dnb.d-nb.de abrufbar.

Planung/Lektorin: Marion Kraemer
Springer ist ein Imprint der eingetragenen Gesellschaft Springer Fachmedien Wiesbaden GmbH
und ist ein Teil von Springer Nature.
Die Anschrift der Gesellschaft ist: Abraham-Lincoln-Str. 46, 65189 Wiesbaden, Germany

Was Sie in diesem *essential* finden können

- Erklärung der Coronavirus-Krise anhand einer übersichtlichen Raum-Zeit-Analyse
- Infoboxen zu den relevanten wirtschaftspsychologischen Theorien
- Beschreibung des Erlebens und Verhaltens zu Beginn und während der Krise
- Ausblick auf gesellschaftliche und wirtschaftliche Folgen der Pandemie

Vorwort

Als wir im Mai 2020 begannen über die Krise und wirtschaftspsychologische Erklärungen des Verhaltens zu schreiben, war noch kein halbes Jahr vergangen, seit in den Medien von einer mysteriösen Lungenkrankheit in China zu lesen war. Daten und Informationen beeindruckten uns in Europa damals nicht besonders. Als aber vor drei Monaten das Virus SARS-CoV-2 Europa erreichte, gerieten wir in Panik. Das Leben wurde in vielen Ländern auf das Notwendigste heruntergefahren. Inzwischen werden die Maßnahmen, die die Demokratie gewaltig herausfordern und die Gesellschaft in einen beispiellosen Ausnahmezustand versetzen, in manchen Ländern gelockert.

Gewaltige Veränderungen durch die Krise werden prophezeit und keine Rückkehr in die bekannte Normalität. Die Krise beschäftigt die Wissenschaften: Medizin und Biologie, Philosophie, Rechts- und Politikwissenschaften, die Soziologie, Ökonomie, Bildungswissenschaften, die Psychologie…

Wir unternehmen den Versuch, das Erleben und Verhalten von Menschen zu Beginn und während der Krise aus ökonomisch-psychologischer Sicht zu beschreiben und zu verstehen und wagen einen Ausblick in die Zukunft nach dem Lockdown, wenn der wirtschaftliche Schaden noch lange nicht behoben sein wird.

Unser Ziel ist es, das Geschehen anhand von Theorien, die die Wirtschaftspsychologie anbietet, zu verstehen. Wir sind bestrebt, Analysen und Erklärungen anzubieten, die keiner politischen Ideologie folgen. Dieser Versuch mag manchmal misslungen sein, weil es kaum möglich ist, die Welt ohne „Brille" zu sehen.

Im Text haben wir geschlechtergerechte Formulierungen zugunsten des Leseflusses unterlassen, sprechen aber alle Geschlechter gleichermaßen an.

Wir danken unseren Kolleginnen und Kollegen, mit denen wir in interessanten Diskussionen Ideen austauschen durften und wir danken Mona Hahn, Ulrich Rasche, Pia und Erwin Kirchler, für ihre Anregungen. Ganz besonders danken wir Gisela Kirchler-Lidy für die kritische Lektüre und die zahlreichen Verbesserungsvorschläge und Elisabeth Dorfinger für die Korrektur des Manuskripts.

Wien   Erich Kirchler
11. Juni 2020   Julia Pitters
                                                                  Barbara Kastlunger

Inhaltsverzeichnis

Chronologie der Ereignisse

1

Am Anfang war die Angst. Nein, am Anfang war die Ignoranz! Dann nahm die Krise ihren Lauf.

In Zeiten extremer Unsicherheit sehnen wir uns nach Erklärung, Wahrheit und Ordnung. Dass der Wunsch nach Klarheit bald in Erfüllung gehen wird, ist unwahrscheinlich, weil SARS-CoV-2 komplex ist, Unsicherheit darüber besteht, wann und in welcher Form sich Covid-19 als Erkrankung manifestiert und kein Konsens darüber besteht, wie die Gesundheit der Bevölkerung nachhaltig geschützt werden kann, ohne dabei enorme wirtschaftliche Kosten in Kauf zu nehmen, die ihrerseits die Gesundheit der Betroffenen bedrohen. „So viel Wissen über unser Nichtwissen und über den Zwang, unter Unsicherheit handeln und leben zu müssen, gab es noch nie", betont Jürgen Habermas (2020). Trotzdem unternehmen wir den Versuch, die Krise, die Gegenmaßnahmen und die Auswirkungen auf das Erleben und Verhalten der Menschen aus wirtschaftspsychologischer Perspektive zu betrachten, die Ereignisse anhand von Theorien zu verstehen und in einen Raster einzuordnen, der die Chronologie der Krise und die gesellschaftlichen Ebenen der Krisenbewältigung im Fokus hat.

1.1 Kein Grund zur Sorge

Zwischen den Jahren 2019/2020 war die Welt in bekannter Unordnung: Klimawandel, Flüchtlingsproblematik, die weit offene Schere zwischen Arm und Reich schürten zwar heiße gesellschaftspolitische Debatten. Diese führten jedoch zu keinen allgemein akzeptierten Lösungsvorschlägen. Was die Welt wenige Wochen nach Jahresbeginn 2020 völlig aus den Angeln hob, war eine mysteriöse Lungenerkrankung, die in China Ende 2019 bei ein paar Dutzend Patienten festgestellt und zu Jahresende der Weltgesundheitsorganisation (WHO 26.03.2020-a) gemeldet wurde. Zu dieser Zeit nahmen wir in Europa von den Vorfällen in China kaum Notiz, sondern begrüßten mit hohen Erwartungen das neue Jahr.

Die Meldungen aus China wurden häufiger. Die Bilder von den Straßen von Wuhan, der Hauptstadt der chinesischen Provinz Hubei, sorgten für Irritation. In Wuhan hatten sich die ersten Menschen mit dem Coronavirus SARS-CoV-2 infiziert und waren daran erkrankt. Das Virus verbreitete sich rasch und die Erkrankungen an Covid-19 nahmen sprunghaft zu. Bereits in der zweiten Januarhälfte wurde die Stadt unter Quarantäne gestellt: Flughafen und Bahnhöfe wurden geschlossen, Ausgangssperren verhängt und den Bewohnern untersagt, ihre Stadt zu verlassen.

Aber die bisher unbekannte Krankheit grassierte in weiter Ferne und das neuartige Virus stellte keine konkret wahrnehmbare Gefahr für den Westen dar. Vereinzelte Warnungen über die rasche Ausbreitung der Infektionen berührten uns kaum, ist doch die geografische Distanz zu China groß. Meldungen aus einem fernen Land sind allenfalls interessant. Die empfundene geringe Relevanz wurde durch Medienberichte unterstützt, wie beispielsweise durch den Artikel in „Die Presse" vom 4. März 2020: „Warum Europäer weniger stark betroffen sind" (Baltaci 04.03.2020). Als Gründe für die vermeintlich geringe Betroffenheit wurden die Genetik, der Faktor Zeit, die Umweltbelastung und die unterschiedlich gut ausgebauten Gesundheitssysteme angeführt. Weltweit hatten sich zu diesem Zeitpunkt bereits 90.000 Menschen mit dem Coronavirus infiziert; beinahe 90 % davon in China. Die asiatische Bevölkerung – so stand weiter im Artikel zu lesen – ist anscheinend verwundbarer durch das Coronavirus SARS-CoV-2 als die europäische, sowohl was die Ansteckungsgefahr als auch die Schwere von Krankheitsverläufen anlangt.

Damals waren die ersten Infektionsfälle in Deutschland, in Frankreich, auch in Österreich und vor allem in Norditalien bereits bekannt. Aber die Ausbreitungsgeschwindigkeit, die exponentiell verläuft, wurde verkannt. Geografische Distanz, fragwürdige Erklärungen und das unzureichende Verständnis exponentiellen Wachstums waren ausschlaggebend dafür, Sorgen vor der Gefahr zu vertreiben.

BOX: Lineares versus exponentielles Wachstum
Beim linearen Wachstum kommt in jeder Zeitspanne immer die gleiche Menge hinzu, während sich beim exponentiellen Wachstum eine Bestandsgröße in jeweils gleichen Zeitabschnitten um denselben Faktor vervielfacht.

1.2   Unvorbereitet in Gefahr

Auf einmal war nichts mehr wie vorher. Nur wenige Wochen nach den ersten Krankheitsfällen in Norditalien und in anderen europäischen Ländern wurde vielerorts der Ausnahmezustand verkündet, der Shutdown des Alltagslebens wurde Realität. Das gesellschaftliche Leben wurde auf Notbetrieb heruntergefahren: Lokale mussten schließen, Geschäfte, Sport- und Spielplätze wurden dichtgemacht und Theater, Opern-, Konzerthäuser und Kinos, auch Schulen und Universitäten sowie Ämter wurden geschlossen; Flugzeuge blieben am Boden, Züge in den Remisen. Großveranstaltungen wie die Fußball-Europameisterschaft, Festivals und Kulturveranstaltungen wurden abgesagt oder in das nächste Jahr verschoben. Viele Länder verhängten teils massive Ausgangsbeschränkungen, manche sogar Ausgangssperren. Jetzt war jeder Einzelne direkt mit der Krise und den damit verbundenen einschneidenden Veränderungen des Lebens konfrontiert, welche die individuelle Bewegungsfreiheit, die Kinderbetreuung, Bildung und Lehre, Arbeitsplätze, das Einkaufsverhalten, die Freizeitgestaltung und die Urlaubsplanung betrafen. In den Krankenhäusern stieg die Behandlung von Patienten mit schweren Krankheitsverläufen und die Prognosen, bald das Limit medizinischer Versorgung zu erreichen, wurden in manchen Ländern traurige Realität.

„Das Corona-Virus ist in der Lage, mit der Börse umzuspringen. Und es ist klassenlos. Es unterscheidet nicht zwischen den Hautfarben, Geschlechtern, zwischen Alter oder Herkunft...", schreiben Ferdinand von Schirach und Alexander Kluge (2020, S. 11 f.) in ihrem „Dialogbuch", kurz nach Einbruch der Krise.

Damals war der Kenntnisstand in den Wissenschaften über das neuartige Virus dürftig. Virologen und Forscher anderer Medizinbereiche hatten gar nicht die Zeit, wissenschaftliche Studien durchzuführen und empirische fundierte Erkenntnisse zu liefern, die den Politikern als Entscheidungsgrundlage dienen konnten. Politische Entscheidungen wurden so zum Teil aus Unsicherheit und zum Teil aus Unwissenheit getroffen; kurzfristig und immer wieder angepasst an neue Erkenntnisse und Simulationsergebnisse. Eine Blaupause für Maßnahmen und eine Formel, was zu tun ist, fehlten. Deutlich waren aber die apokalyptischen Bilder aus Norditalien, wo das Gesundheitssystem kollabierte. Diskussionen über Triage, die Entscheidung zu treffen, nur noch die Patienten zu behandeln, die die besseren Überlebenschancen haben als andere, verschärften die Dauerbelastung des Krankenhauspersonals dramatisch.

Über das Ziel von Maßnahmen waren sich die Führungsgremien schnell einig: Der Schutz der Gesundheit der Bevölkerung geht vor, auch auf Kosten der Wirtschaft. Auf Herdenimmunität zu setzen, war waghalsig und dort, wo die Durchseuchung der Bevölkerung als Strategie zur Immunisierung begonnen wurde, war schnell klar, dass der eingeschlagene Weg unverantwortlich ist. Schweden experimentierte in diese Richtung allerdings weiter und beklagt vergleichsweise hohe Sterberaten.

BOX: Entscheidungen unter Sicherheit, Unsicherheit und Unwissenheit
Entscheidungen werden unter Sicherheit getroffen, wenn vollständige Information über wählbare Alternativen und Sicherheit über deren Konsequenzen gegeben ist. Häufig besteht bezüglich der Konsequenzen von Entscheidungsalternativen Unsicherheit, weil die Konsequenzen nur mit mehr oder weniger bekannten Wahrscheinlichkeiten eintreten. Entscheidungen unter Unwissenheit sind dann gegeben, wenn Informationen fehlen, wie beispielsweise als sich das Virus SARS-CoV-2 zu verbreiten begann.

1.3   Entwicklung der Krise auf gesellschaftlichen Ebenen

Die Krise begann mit Ignoranz, dem Nicht-Wahrhaben-Wollen der drohenden Veränderung; gefolgt von Angst und Panik. Später kamen Ärger, Zorn über die Einschränkungen und der Versuch auf, die verlorene Freiheit wieder zu erlangen. Viele Menschen erlebten ein Gefühl der Hilflosigkeit, zuweilen machten sich Resignation und Fatalismus breit. Wahrscheinlich werden im Laufe der Zeit Gewöhnung und ein Normalbetrieb folgen, aber der Normalbetrieb wird wahrscheinlich nicht sein wie früher.

Reaktionen auf eine Krise sind nicht punktuell zu verstehen. Sie verändern sich im Laufe der Zeit. Ähnlich wie Zunin und Myers (2000) und Elisabeth Kübler-Ross 1969 Reaktionen auf einschneidende Lebensereignisse beschrieben, wollten wir anfangs die Krise nicht wahrhaben, wurden dann von Angst und Panik ergriffen, reagierten schließlich mit Zorn und Reaktanz. Kübler-Ross beschreibt weitere Stadien als Phasen des Verhandelns, der Depression und schließlich der Akzeptanz. Es ist wichtig, die Chronologie der Ereignisse und der

Reaktionen darauf zu berücksichtigen, um Einstellungen zum einschneidenden Krisengeschehen und das Verhalten der Menschen zu verstehen.

Die Betroffenheit und die praktischen Konsequenzen der Maßnahmen haben sich für den Einzelnen nicht nur im Lauf der Zeit geändert, sondern zeigen auch auf den verschiedenen gesellschaftlichen Ebenen unterschiedliche Wirkung. Um die jeweiligen Auswirkungen und das Verhalten der Menschen zu verstehen, müssen individuelle Reaktionen, die das unmittelbare soziale Umfeld, wie Partnerschaft und Familie, also das Mikrosystem betreffen, analysiert werden. Des Weiteren geht es um Folgen, die den Arbeitsplatz und neue Arbeitsweisen, also das Mesosystem, angehen. Schließlich wirken Interventionen seitens der Politik und nehmen Einfluss auf die Gesellschaft, auf das Leben generell, die Arbeit, den Konsum und die Freizeitgestaltung, also auf das Makrosystem.

In den folgenden Abschnitten befassen wir uns mit der Wahrnehmung der Krise zum einen im Zeitverlauf und zum anderen mit Reaktionen auf Mikro-, Meso- und Makroebene. Für die Zeit des Krisenbeginns und während der Krise bieten sich wirtschaftspsychologische Erklärungen jeweils auf den drei Systemebenen an. Über mögliche Folgen der Krise spekulieren wir im letzten Kapitel, ohne Differenzierung zwischen den drei Ebenen (Abb. 1.1). Eine ausführliche sozialpsychologische Analyse der Krise bieten Van Bavel et al. (2020) an.

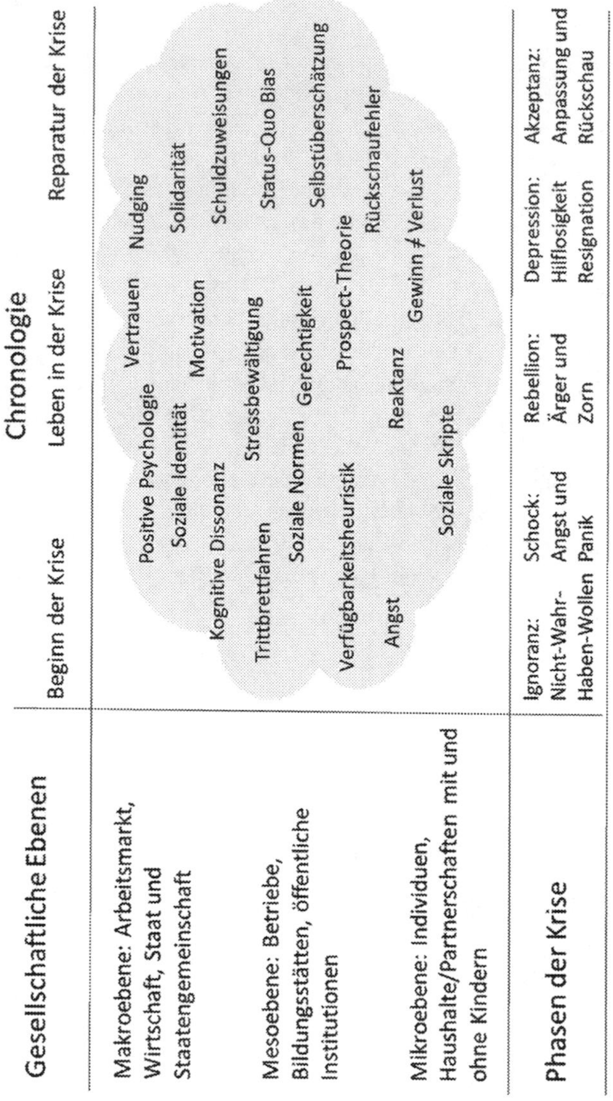

Gesellschaftliche Ebenen

Chronologie

| Beginn der Krise | Leben in der Krise | Reparatur der Krise |

Makroebene: Arbeitsmarkt, Wirtschaft, Staat und Staatengemeinschaft

Mesoebene: Betriebe, Bildungsstätten, öffentliche Institutionen

Mikroebene: Individuen, Haushalte/Partnerschaften mit und ohne Kindern

Psychologische Theorien (in der Wolke):
Positive Psychologie · Nudging · Soziale Identität · Solidarität · Kognitive Dissonanz · Motivation · Schuldzuweisungen · Vertrauen · Trittbrettfahren · Stressbewältigung · Status-Quo Bias · Soziale Normen · Gerechtigkeit · Selbstüberschätzung · Verfügbarkeitsheuristik · Prospect-Theorie · Rückschaufehler · Angst · Reaktanz · Gewinn ≠ Verlust · Soziale Skripte

Phasen der Krise

| Ignoranz: Nicht-Wahr-Haben-Wollen | Schock: Angst und Panik | Rebellion: Ärger und Zorn | Depression: Hilflosigkeit Resignation | Akzeptanz: Anpassung und Rückschau |

Abb. 1.1 Chronologie der Krise auf Mikro-, Meso- und Makroebene und psychologische Theorien zur Erklärung des Erlebens und Verhaltens

Beginn der Krise

2

Die Bedrohung durch einen nicht sichtbaren „Feind", der von weit weg sukzessiv näher rückt und schließlich die ganze Welt erfasst und lähmt, löst Angst, Unsicherheit und das Gefühl von Kontrollverlust aus. Drohender Kontrollverlust führt zu Schutz- und Verteidigungsreaktionen, die nicht lang überlegt werden, weil die Gefahr unmittelbar ist. Spontane, kaum reflektierte Reaktionen erscheinen im Rückblick selten rational, vor allem dann, wenn wenig Wissen darüber besteht, wer und was der „Feind" ist und wie er wirksam „bekämpft" werden kann.

2.1 Beginn der Krise auf Mikroebene

2.1.1 Angst

Die Bedrohung durch etwas Unbekanntes, nicht-konkret-Greifbares, nicht oder kaum Kontrollierbares löst Angst aus. Angst ist ein diffuses Gefühl, während sich Furcht auf ein Objekt bezieht. Aus dem Zustand der Angst heraus zu handeln bedeutet häufig, dass wir uns planlos gegen befürchtete Konsequenzen wehren, ohne dass wir die Wahrscheinlichkeit der Konsequenzen genauer in Betracht ziehen.

> **BOX: Angst und Furcht**
> Angst grenzt sich von der Furcht dadurch ab, dass Angst meist ein ungerichteter Gefühlszustand ist, während sich Furcht auf eine reale Bedrohung bezieht.

Um auf eine Bedrohung adäquat reagieren zu können, muss diese auch als eine solche wahrgenommen werden. Die Bedrohung darf uns aber auch nicht derart übermannen, dass wir spontan mit Flucht reagieren, damit wir in der Lage sein können, uns mit der Gefahr kognitiv auseinanderzusetzen und schließlich entsprechend zu handeln.

Die menschliche Informationsverarbeitung verläuft je nach Situation unterschiedlich: Wenn wir einer Gefahr ausgesetzt sind und schnell reagieren müssen, um ihr zu entkommen, treffen wir schnelle, intuitive Entscheidungen. Nach Daniel Kahneman (2012) kommt System 1 zum Einsatz, das als evolutionsgeschichtlich älter gilt und schnelle, holistische Informationsverarbeitung ermöglicht. Dabei wird intuitiv und oft emotional entschieden ohne lang Informationen und Alternativen gegeneinander abzuwiegen. Wenn Gefahr droht, liegt Flucht nahe. Wir setzen unseren „Autopiloten" ein und denken nicht lange nach, sondern handeln. Im Falle der Corona-Krise geben viele beobachtete Verhaltensweisen Anlass anzunehmen, dass Entscheidungen entsprechend dem Informationsverarbeitungssystem 1 getroffen wurden.

Entscheidungen nach System 2 verlangen deutlich mehr kognitiven Aufwand als Entscheidungen nach System 1. Mithilfe des Systems 2 werden etwa komplizierte Rechenschritte durchgeführt, Vor- und Nachteile unterschiedlicher Optionen abgewogen und miteinander verglichen. Die Informationsverarbeitung verläuft vor allem sachlich und nicht hauptsächlich emotional. Da sich Menschen grundsätzlich nicht mehr geistig anstrengen wollen als nötig erscheint (Sozialpsychologen bezeichnen uns daher auch als „kognitive Geizhälse"), muss es eine starke Motivation geben, sich mehr und eingehender mit einem Thema auseinanderzusetzen, als intuitiv zu entscheiden.

BOX: Entscheidungen nach System 1 und System 2
System 1 ist immer aktiv und verarbeitet Informationen schnell, automatisch und unbewusst, während das System 2 selten aktiv ist und Informationen langsam, berechnend, logisch und bewusst analysiert.

Weil Angst zu unreflektierten Handlungen führen kann, um einer Gefahr so schnell es geht zu entkommen, haben zu Beginn des Shutdowns Menschen Supermärkte gestürmt, um sich mit haltbaren Gütern einzudecken. Trotz der Versicherung, dass Güter des täglichen Bedarfs weiterhin geliefert werden, waren vielerorts die Regale leer und die Supermärkte kamen kaum hinterher, haltbare

Lebensmittel nachzuliefern. Auch Bargeldbehebungen erreichten ein Rekordniveau (Schnauder 15.03.2020).

Als Erklärung für die verbreiteten Hamsterkäufe bietet sich das Phänomen des „Herding" oder der sozialen Verhaltensansteckung an (Orlean 1992; Temzelides 1997): Menschen verhalten sich in Situationen unter Unwissenheit häufig nicht rational. Wir handeln spontan und „laufen der Masse nach". Wenn andere dabei beobachtet werden, wie sie sich eilig Vorräte beschaffen, wird dieses Verhalten imitiert, ohne lange zu reflektieren, ob die Waren tatsächlich im gehamsterten Umfang benötigt werden.

Damals, zu Beginn der Krise, scharrte die Angst die Menschen zusammen, ausgelöst durch schreckliche Bilder aus Krankenhäusern vor allem aus Norditalien und nicht minder erschreckenden Warnungen von politischen Vertretern. Das Verlangen nach Verhaltensrichtlinien wuchs und starke Führungspersonen, die authentisch und klar kommunizierten, stiegen im Kurs. Die Obrigkeitshörigkeit wuchs und der Gehorsam der Bürger schien widerspruchslos.

Die Blockade durch Angst versuchten wir durch intensiven Austausch mit anderen, Solidarität und bald mit schwarzem Humor und oft gewagten Witzen über Corona zu lockern. Humor ist ein Abwehrmechanismus, wie die Psychoanalyse lehrt, der in Stresssituationen hilft und die Bindung an andere stärkt. Viele fanden Bewältigungsstrategien und waren in der Lage, „das Beste" aus dem veränderten Alltag zu machen. Selten wurde mehr gejoggt, gelesen, gebastelt, gekocht und gebacken als in den ersten Wochen nach Einbruch der Krise.

Bald entstand aber auch Widerstand gegen die Einschränkungen. Menschen, die in ihrer persönlichen Handlungsfreiheit beschnitten werden, versuchen üblicherweise ihre verlorene oder bedrohte Freiheit wiederherzustellen. Sie reagieren mit Reaktanz (Brehm und Brehm 2013). So wurde versucht, durch „Jetzt-erst-recht-Reaktionen" den früheren Freiheitsraum wiederzuerlangen. Trotz der Aufrufe zu Hause zu bleiben, wurde viel Zeit draußen verbracht, Dinge wurden gehortet, die nicht nötig waren oder Abstandsregeln missachtet; sogar private „Corona-Partys" wurden veranstaltet. Hält die Einschränkung der Freiheit lange an, entwickelt sich Reaktanz zu Hilflosigkeit, Lethargie, Passivität bis hin zur Depression.

BOX: Reaktanz

Psychologische Reaktanz ist eine Abwehrreaktion, die entsteht, wenn Menschen in ihrer persönlichen Freiheit eingeschränkt werden.

2.1.2   Soziale Vorstellungen

Das SARS-CoV-2 Virus hat es in kurzer Zeit geschafft, anderen Themen in den
Medien kaum Platz zu lassen. Diese Dominanz etablierte das Virus in unseren
Köpfen als besonders bedrohlich. Nachdem alle Gesellschaftsbereiche ziem-
lich unvorbereitet von der Gesundheitskrise überrascht wurden, das unbekannte
Phänomen als Gefahr erlebt wurde, aber große Unwissenheit bestand, ging es
anfangs darum, sich mit anderen auszutauschen, sich über die Medien – seriöse
und wenig seriöse – zu informieren, sich ein Bild zu machen, um zu verstehen.
Menschen suchten ständig nach Informationen, waren geradezu süchtig danach.
Wir redeten ständig über das bedrohende Unbekannte, um es endlich begreifen
zu können, also „greifbar" zu machen. Wir waren bestrebt, eine „soziale
Repräsentation", eine sozial geteilte Vorstellung über das neue Phänomen, den
unsichtbaren Feind auszubilden, um handlungsfähig zu werden, um planen und
uns in Folge schützen zu können.

Soziale Repräsentationen oder soziale Vorstellungen stellen Systeme von
Werten, Ideen und Praktiken einer Gesellschaft oder von Gruppen in Gesell-
schaften dar (Jacob 2004; Moscovici 1984, 2000). Sie dienen zum einen dazu,
relevante Phänomene zu verstehen und sich in der materiellen und sozialen Welt
zu orientieren und zum anderen dazu, mit anderen kommunizieren zu können. Sie
sind verwandt mit Konzepten wie Glaubenssystem, Weltanschauung oder Ideologie. Laien und Experten entwickeln geteilte Vorstellungen, also soziale
Repräsentationen, über gesellschaftliche und wirtschaftliche Phänomene (Gangl
et al. 2012). Assheuer (25.03.2020) beschreibt in einem Interview in „Die Zeit",
wie sehr sich die Corona-Krise eignet, Metaphern, Mythen und Legenden über
das Virus zu kreieren.

Zur Metaphernbildung trugen auch Regierungschefs bei. So wurde die Krise
als Kriegssituation dargestellt, indem von einem „unsichtbaren Feind" oder der
„größten Bedrohung seit dem Zweiten Weltkrieg" gesprochen wurde. Zum Vergleich wurden auch Naturkatastrophen herangezogen. Von der „Ruhe vor dem
Sturm" oder einem „Tsunami" war die Rede. Österreichische Regierungsmit-
glieder bemühten sich zu Ostern 2020 um bildhafte Vergleiche des Shutdowns;
von „Sterben und Auferstehung" war die Rede, von Bemühungen zur „Ver-
hinderung der größten menschlichen Katastrophe" und verbal vermittelte Bilder
über „telefonische Abschiede von Angehörigen" wurden zum anschaulichen
Symbol der menschlichen Tragödie.

BOX: Soziale Repräsentationen
Soziale Repräsentationen sind keine Abbilder von Fakten, sondern metaphorische Abbilder, Vorstellungen, die auf Fakten und Fakes, empirisch belegten Informationen und spekulativen Verschwörungstheorien basieren, die oft bildhaft-symbolisch, sprachlich formulierbar sind und kognitive, affektive, evaluative und konative Aspekte vereinen.

2.1.3 Entscheidungen

Auch wenn die Medien spätestens seit Jahresbeginn 2020 täglich über die Krise berichteten, wurde die Gefahr von vielen zunächst als Panikmache abgetan. Wie bedrohlich Gefahrenquellen eingeschätzt und entsprechende Entscheidungen getroffen und Handlungen gesetzt werden, hängt zum einen von der Verfügbarkeit von Informationen ab. Dabei ist nicht wesentlich, ob generell Informationen verfügbar wären, sondern wie mental präsent sie sind. Häufig sind jene Informationen leicht verfügbar, die in den Medien dominieren. Zum anderen spielt in Entscheidungen auch die gefühlte Distanz zu Ereignissen eine entscheidende Rolle. Je näher (zeitlich oder räumlich) ein Ereignis wahrgenommen wird, desto relevanter wird es erachtet.

Menschen sind nicht immer in der Lage, rationale Urteile über ein Ereignis zu fällen, selbst wenn sie sich darum bemühen. Über die Corona-Krise liegen viele, auch einander widersprechende Informationen vor und insgesamt ist die Datenlage unsicher. Die Informationen über Ursachen und mögliche Wirkungen sind komplex, zu komplex, um diese sachlich-rational verarbeiten zu können, um ohne Zögern und Bangen zu entscheiden und zu handeln. Zudem drängt die Zeit, sodass wir kaum die Gelegenheit haben, zu Hause über eine Problemlage am Arbeitsplatz lange nachzudenken und nach den Regeln der Logik zu entscheiden.

Um die Komplexität von Aufgaben und speziell krisenbedingte Veränderungen trotzdem in den Griff zu bekommen, um Entscheidungen treffen und Handlungen setzen zu können, stützen wir uns auf Entscheidungshilfen, auf sogenannte „Entscheidungsheuristiken". Das sind mentale Faustregeln, die dabei helfen, schnell und ohne viel kognitiven Aufwand nach einem vorgegebenen Schema Urteile zu fällen. Entscheidungen auf dieser Basis können jedoch auch fehleranfällig sein (Tversky und Kahneman 1974).

Eine bekannte Faustregel ist die Verfügbarkeitsheuristik (Tversky und Kahneman 1974; Kahneman 2012). Nach dieser nehmen wir die aktuell verfügbare

Information mehr oder minder bewusst als Entscheidungsbasis, um eine Einschätzung über einen Sachverhalt abzugeben, zu beurteilen oder spontan zu handeln. Dominiert in den Medien ein bestimmtes Thema, so beurteilen wir dieses als gewichtiger als andere, die gerade nicht in den Schlagzeilen stehen. Es ist auch leichter, sich aktuell dominierende Sachverhalte ins Gedächtnis zu rufen als Informationen, die mit hohem kognitiven Aufwand erinnert werden müssen und die Leichtigkeit oder Schwierigkeit, Informationen zu erinnern, spielt in Entscheidungen ebenso eine bedeutende Rolle (Schwarz et al. 1991).

> **BOX: Entscheidungsheuristiken**
> Entscheidungsheuristiken sind mentale Faustregeln, die Menschen dabei helfen, schnell und auf Basis hervorstechender Informationen Entscheidungen zu treffen.

Anhand der Verfügbarkeitsheuristik kann erklärt werden, warum die Gefahr des Corona-Virus für die Gesundheitssysteme anfangs allgemein unterschätzt wurde. Das Thema dominierte nicht die Titelseiten der Medien.

Die Verfügbarkeitsheuristik macht jedoch nicht nur von der bloßen Verfügbarkeit von Informationen Gebrauch, sondern auch davon, als wie nahe oder wie weit entfernt ein Ereignis wahrgenommen wird. Als die Infektionen und Erkrankungen noch hauptsächlich aus China gemeldet wurden, wurde die Relevanz für Europa als gering angesehen. Ähnlich verhält es sich auch mit der Beurteilung anderer Krisen, wie der Flüchtlingskrise: Solange sich die Flüchtlingsdramen nicht vor den eigenen Grenzen abspielen, werden sie größtenteils nur peripher wahrgenommen. Sobald es Fälle „in den eigenen Reihen" gibt, wird die Gefahr – der Verfügbarkeitsheuristik entsprechend – als überproportional hoch eingestuft.

Die Verfügbarkeitsheuristik hängt auch mit der mentalen Schwierigkeit zusammen, sich ein Ereignis und Entwicklungen vorzustellen. Exponentielles Wachstum überfordert häufig unsere Vorstellungen. Wir nehmen leichtfertig an, zu einzelnen mit SARS-CoV-2 infizierten Menschen würden andere dazukommen, aber die Zunahme sei linear. Wenn die Ausbreitung der SARS-CoV-2 Infektionen exponentiell verläuft, und exponentielles Wachstum verstanden wird, dann ist auch klar, dass schnell Entscheidungen getroffen und drastische Handlungen gesetzt werden müssen, um die Ausbreitung einzudämmen, wenn verhindert werden soll, dass Gesundheitssysteme nicht in kurzer Zeit ihre Kapazitätsgrenzen erreichen und kollabieren.

Exponentielles Wachstum beeindruckt, wenn gefragt wird, wie hoch ein Blatt Papier (Festigkeit = 0.01 mm) wäre, würde es 103-mal gefaltet werden. Die meisten Menschen stellen sich die ersten Faltungen vor und kommen auf wenige Zentimeter Höhe. Tatsächlich handelt es sich jedoch um eine Exponentialfunktion mit der Formel 0.01 mm $\times$ 2^{103}. Mit der 42. Faltung würde das gefaltete Papier bereits den Mond berühren und nach 103 Faltungen würden die Grenzen des Universums erreicht worden sein.

2.2 Beginn der Krise auf Mesoebene

Die Krise hat nicht nur den privaten Bereich von Menschen in Beziehungen mit oder ohne Kinder in dicht bevölkerten urbanen und in ländlichen Gegenden erschüttert, sondern auch Arbeit, Freizeit, Kultur und Mobilität. Schnelle Anpassung an ungewohnte Maßnahmen war auf dem Arbeitsmarkt, in Betrieben und Institutionen gefordert.

Betroffen war der gesamte Arbeitsmarkt. Die Routine von Klein- und Großbetrieben wurde massiv auf die Probe gestellt. Vor allem im Gesundheitsbereich wich der gewohnte Alltag der Hektik, sich auf die drohende Gefahr einzustellen und Schutzmaßnahmen zu treffen. Dringend benötigte Güter fehlten, andere konnten aufgrund unterbrochener Lieferketten nicht hergestellt werden. Der Dienstleistungssektor brach zusammen und Heerscharen von arbeitenden Menschen wurden freigesetzt oder in Kurzarbeit geschickt. Ob und wie Betriebe den beinahe totalen Shutdown des Staates überstehen, wurde zur beängstigenden Frage. Wie Unternehmen wieder in die Gänge kommen sollen, wie der Arbeitsmarkt wieder gesunden kann, welche Maßnahmen gegen die explodierenden Arbeitslosenzahlen und die drohende Langzeitarbeitslosigkeit effektiv sind, bleiben weiterhin eine kontroversiell beantwortete Frage.

2.2.1 Bewältigungsstrategien

Die Krise überrollte viele Unternehmen völlig unvorbereitet. Die drastisch veränderte Lage verlangte Neuorientierung und gezielte Maßnahmen. Der Stresspegel stieg bei Arbeitgebern und Arbeitnehmern enorm. In der ersten Phase der Krisenbewältigung war es nur systemerhaltenden Betrieben – wie Supermärkten, Apotheken oder Tankstellen – erlaubt, die Läden offen zu halten. Andere Betriebe, Bekleidungsgeschäfte, Restaurants und Bars sowie öffentliche Einrichtungen wie Schulen, Universitäten, Behörden oder Museen und Theater

blieben geschlossen. Besonders hart getroffen wurden Kulturinstitutionen und
Branchen, wie die Gastronomie, Hotellerie, Eventorganisatoren oder Freizeit- und
Reiseanbieter. Andere Unternehmen konnten in den digitalen Raum „flüchten"
und Home-Office anbieten. Auch das war nicht einfach. Vor allem Bildungs-
institutionen standen vor der Herausforderung, Schüler mit digitalen Tools auszu-
statten und auf Lernen und Lehren auf Distanz umzustellen.

BOX: Stress
Stress bezeichnet einen subjektiven Zustand hoher Anspannung und
Belastung, verursacht durch externe oder interne Befürchtungen und/oder
Bedrohungen.

Die Auflagen und Empfehlungen der Regierung konfrontierten Unternehmen
mit dem Dilemma, einerseits die Gesundheit ihrer Mitarbeiter bestmöglich zu
schützen und andererseits den Betrieb aufrecht und Arbeitsplätze zu erhalten.
Die Missachtung der Verordnungen und Empfehlungen hätte das Risiko von
Infektionen und Erkrankungen und zudem einen erheblichen Imageschaden
bedeuten können. Daher galt Kooperation und Solidarität zunächst als verbindliche soziale Norm. Von Regierungen wurden umgehend Maßnahmen zum Schutz
von Arbeitsplätzen, wie Kurzarbeitsprogramme, angeboten. Trotzdem stieg die
Arbeitslosigkeit in vielen Ländern rasant an, was einen Knick in der beruflichen
Karriere der Betroffenen, in der Lebensplanung und nicht zuletzt beängstigende
existenzielle Sorgen auslöst. Die verheerenden Folgen von Arbeitslosigkeit für
Einzelne und die Gesellschaft, vor allem, wenn sie lang anhält, sind aus den
Studien der 1930er und 1980er Jahre hinlänglich bekannt (Kirchler und Hoelzl
2018). Die Corona-Krise wird auch Heere von Menschen in absolute Armut
stürzen. Der Wirtschaftsschock wird besonders ärmere Länder treffen und
mindestens 60 Mio. Menschen mehr werden in Armut leben, schreibt am 2. Juni
2020 Donata Riedl im Handelsblatt (Riedl 02.06.2020).
    Die Mechanismen zur Stressbewältigung auf Mesoebene waren denen auf
Mikroebene ähnlich: Es wurden Copingstrategien angewandt, wie die Nutzung
digitaler Arbeitsalternativen, und Umstrukturierungen, etwa der Produktionspalette
in Unternehmen, vorgenommen. Als die Maskenpflicht eingeführt wurde und
ein Engpass an Masken unvermeidlich war, stellten einige Betriebe auf die Her-
stellung von Masken oder von Desinfektionsmitteln um. Auch Wirtshäuser, denen
es nach kurzer Zeit erlaubt wurde, Essen zum Abholen zuzubereiten, entwickelten
Konzepte, unter Beachtung der Vorschriften ihre Gäste bestmöglich zu versorgen.

Auch kreative Geschäftsideen wurden realisiert. Unter dem Label „united we stream" schlossen sich Kunstschaffende als Reaktion auf die Schließung von Clubs zusammen und streamten Life-Musik über TV-Sender. In Berlin wurden Telediskos veranstaltet, die es Partyhungrigen durch Münzeinwurf ermöglichten, in einer isolierten Telefonzelle zum Lieblingslied zu tanzen (Teledisko 03.06.2020).

BOX: Emotionale Copingstrategien
Maßnahmen zur Stressbewältigung, unter anderem durch Entspannung, Ablenkung, Neudefinition einer Stressreaktion werden als emotionale Copingstrategien bezeichnet.

2.2.2 Moral und Trittbrettfahren

Krisen bieten die Gelegenheit, sich in der Gesellschaft kooperativ oder unkooperativ zu verhalten. Auch wenn sich viele an Regeln und Gesetze halten, bieten die Maßnahmen der Regierung zum Schutz von Arbeitsplätzen und zur Überbrückung von Liquiditätsengpässen vielen Unternehmen die Möglichkeit, von den Maßnahmen unberechtigter Weise zu profitieren. Wer die Krise als Gelegenheit für Kündigungen nutzt oder die staatliche Einrichtung der Kurzarbeit in Anspruch nimmt und gleichzeitig weiter von den Beschäftigten den vollen Arbeitseinsatz verlangt, wer trotz hoher Gewinne in der Vergangenheit die Mietzahlungen aussetzt oder seine Geschäfte trotz Verbot weiter betreibt, weil er zu allererst an die eigenen Renditen und die seiner Aktionäre denkt, verhält sich eigennützig und unsolidarisch; er nimmt also von der ohnehin – bildlich gesprochen – blutenden Gemeinschaft mehr als ihm zusteht und schädigt dadurch alle. So wie im sozialen Dilemma, wo Beiträge für die Allgemeinheit aufgrund eigennütziger Motive zum Schaden nicht geleistet werden (Messick und Brewer 1983), handelt auch derjenige egoistisch nutzenmaximierend, der in der Allmendeklemme nur auf seinen Vorteil bedacht ist und die Sicht auf das Gemeinwohl ausblendet.

BOX: Allmendeklemme
Die Tragik der Allmende bezeichnet eine Situation, in der frei verfügbare, aber begrenzte Ressourcen durch Übernutzung bedroht sind. Wer mehr von den begrenzten Ressourcen nutzt, als vorgesehen, schadet der Allgemeinheit und letztlich sich selbst.

Ob sich Akteure auf Meso-Ebene kooperativ verhalten, hängt von persönlichen Moralvorstellungen und vom Vertrauen der Gesellschaft in die politischen Akteure ab sowie von deren Macht, Trittbrettfahrer zu kontrollieren und ihr Verhalten zu sanktionieren. Gezielte Kontrolle seitens der Autoritäten ist wirksam.

Zudem ist die Einstellung der Gesellschaft zu unkooperativem Verhalten relevant. Wenn Gefahr droht, dass die Gesellschaft gegen schädigendes Verhalten protestiert und Unternehmen entsprechend boykottiert werden, dann steigt die Wahrscheinlichkeit, dass auch jene kooperieren, die zu egoistischer Gewinnmaximierung tendieren (Kirchler und Hoelzl 2018). Soziale Ächtung kann ein wirksames Regulativ gegen unkooperatives Verhalten sein. Als in Deutschland erlaubt wurde, Mietzahlungen auszusetzen, um die ärgste Not zu überbrücken, kündigte ein international renommierter Sportartikelhersteller an, die Mieten für seine Geschäftslokale nicht weiter zu zahlen. Das löste einen „Shitstorm" aus, der das Unternehmen schnell verstehen ließ, dass nicht alles was erlaubt ist, auch gesellschaftlich akzeptiert wird.

Zudem wird das Verhalten durch soziale Normen entscheidend geregelt. Betriebe, die vorbildlich handelten und zum Beispiel ihre Mitarbeiter im Kontaktraum mit Kunden vor Ansteckung mit Plexiglasscheiben schützten, setzten entsprechende Maßstäbe, die andere Betriebe übernahmen. Eine Strategie, die Bevölkerung zum Tragen von Mund-Nasen-Schutz zu bewegen, stellte in Österreich die kostenlose Verteilung und die Pflicht zum Tragen von Masken in den Supermärkten dar. Die Gratisabgabe von Schutzmasken bedeutete für Supermärkte zwar einen finanziellen Aufwand, aber Unternehmen, die für Masken eine Gebühr einhoben, wurden dafür zumindest anfangs stark kritisiert.

2.3   Beginn der Krise auf Makroebene

Die Erschütterungen auf politischer Ebene waren nicht minder gewaltig als auf Mikro- und Mesoebene. Zwar wird die Covid-19-Pandemie nicht als unvorhersehbarer „Schwarzer Schwan" kolportiert, vielfach jedoch die Konsequenzen, die bis zum weltweiten Shutdown reichen.

In vielen Ländern wich der übliche Parteienzank der dringenden Notwendigkeit gegen das Virus und seine Auswirkungen effiziente Strategien zu planen und anzuwenden. Ein ungewohnter Schulterschluss zwischen den regierenden politischen Parteien und Interessensvertretungen war die Folge und vieles wurde gut gemacht. Aus der Traumaforschung (Hobfoll et al. 2007) generalisierend muss das Gefühl gestärkt werden, in Sicherheit zu sein, Beruhigung und nicht Aufregung ist wichtig, Selbstwirksamkeit und kollektive Effektivität müssen gefördert werden, soziale Verbundenheit soll intensiviert werden und nicht zuletzt ist es wichtig, Menschen Hoffnung zu geben. Expertenmeinungen aus der Wissenschaft waren als notwendige Basis für politische Entscheidungen dringend gefragt. „Fahren auf Sicht" wurde nicht als politische Entscheidungsschwäche ausgelegt, sondern unterstrich die Glaubwürdigkeit der Akteure und stärkte das Vertrauen der Bevölkerung in ihre politischen Vertreter. Laut einer Studie an mehr als 1000 Neuseeländern stieg das Vertrauen in die Wissenschaft, Politik und Polizei innerhalb des Zeitraums vor und 18 Tage nach dem Lockdown deutlich (Sibley et al. 2020). Trotzdem: Wir werden wohl lange mit eingebauter „Stotterbremse" (von Schirach und Kluge 2020) leben und viel Geduld aufbringen müssen.

> **BOX: Vertrauen**
> Vertrauen ist die Erwartung, sich auf eine Person oder ein System vorbehaltlos verlassen zu können.

2.3.1 Wir-Gefühl

Die Akzeptanz und Befolgung der staatlichen Verordnungen waren zur Eindämmung der Krise essenziell. Wie konnte die Bevölkerung so schnell zur Einhaltung der Maßnahmen gebracht werden? Wenn es darum geht, die Bevölkerung zu einen und ein gemeinsames Ziel zu verfolgen, werden häufig die eigenen Werte hervorgehoben, um ein starkes Wir-Gefühl in der eigenen Bevölkerung zu schaffen. Das Wir-Gefühl erstarkt auch, wenn die eigene Gruppe von anderen abgegrenzt wird. Schon zu Beginn der Krise wurde die eigene Nation betont; gesprochen wurde von den Italienern, Franzosen, Deutschen, Österreichern; aber nicht von den Europäern. Auch die Europäische Union wurde selten genannt. Vergleiche und Abgrenzungen zu anderen Ländern wurden getroffen, als seien die Menschen in den unterschiedlichen Ländern unterschiedlichen sozialen Kategorien zugeordnet. Die täglichen Infektionsfälle wurden getrennt für die Staaten, in übersichtlichen Tabellen geliefert, ständig aktualisiert und einander gegenübergestellt. Die Fitness der nationalen Gesundheitssysteme und Maßnahmen wurden mit den eigenen verglichen und bewertet. Die Maßnahmen der Regierungen und die relativ milde Entwicklung der Covid-19-Fälle in Deutschland und Österreich im Gegensatz zu anderen Ländern löste nicht selten das Gefühl aus, in einem „besseren" Land zu leben. In Österreich erklang die „inoffizielle Landeshymne" von Balkonen und sogar aus Polizeiautos: „I am from Austria".

Die Theorien der „sozialen Kategorisierung" und „sozialen Identität" bieten eine Erklärung für das scheinbare Paradoxon, obwohl es sich um eine Pandemie handelt, im Land enger zusammenzurücken, Lösungen für die eigenen Probleme zu suchen, sich von anderen abzuschotten und Grenzen zu schließen. Wir gehören verschiedenen sozialen Kategorien an, den Berufstätigen, den Österreichern usw., und anderen Kategorien gehören wir nicht an. Die Zugehörigkeit zu Gruppen oder Kategorien und Abgrenzung von anderen ist wirksam, weil wir dadurch unsere soziale Identität und unser soziales Selbstbild generieren und unseren Selbstwert definieren. Wir streben nach positiver sozialer Identität und hohen Selbstwert, indem wir die Gruppe, der wir angehören, auf relevanten Merkmalsdimensionen aufwerten und dazu tendieren, fremde Gruppen abzuwerten und zu diskriminieren (Tajfel und Turner 1986). Eine umfassende sozialpsychologische Analyse der Krise und der sozialen Identitätsdynamik bieten Jetten et al. (2020).

BOX: Soziale Kategorisierung und Identität
Bezeichnet den Mechanismus sich selbst und andere Menschen in Gruppen und Kategorien einzuteilen. Dies hat eine ordnende und sinngebende Funktion und gleichzeitig Einfluss darauf, wie wir uns selbst definieren, wahrnehmen und bewerten.

Die Bundeskanzlerin Deutschlands hat in ihrer 12-minütigen Fernsehansprache zum Shutdown am 18. März 2020 31-mal das Wort „wir" verwendet. Und auch die österreichische Regierung hat von Anfang an einen starken Zusammenhalt für das „Team Österreich" beschworen. Die Schließung der eigenen Grenzen und der Vergleich mit anderen Ländern, die die Gefahr zu spät erkannten oder zu spät darauf reagiert hatten oder deren Gesundheitssystem nicht gut gerüstet war, erzeugte einen Ingroup-Bias, also die Überzeugung, besser zu sein als die Anderen. Gelingt es, ein starkes In-group-Gefühl zu schaffen und Zugehörigkeit zu stärken, dann lassen sich auch Schutzmaßnahmen leichter durchsetzen.

Die Kooperation zwischen Politik, Wirtschaft und Bevölkerung im eigenen Land kann jedoch leicht zur Abschottung nach außen führen. Nicht selten führt die starke Identifikation mit der eigenen Gruppe wie der eigenen Nation dazu, andere abzuwerten. So wurde Anfang März in Deutschland die Auslieferung von dringend benötigten medizinischen Produkten nach Italien blockiert und Hilfe kam nicht aus Europa, sondern aus China. Die Gefahr einer Zuspitzung sozialer Spannungen durch die Akzentuierung der Ingroup bei gleichzeitiger Abwertung der Outgroup kann die Folge sein (Reicher und Stott 2020).

2.3.2   Akzeptanz der Maßnahmen

Ein weiterer, vielfach untersuchter Mechanismus half mit, die Bevölkerung zum Durchhalten zu bewegen: Das Streben nach Konsistenz. Laut Festingers Theorie der kognitiven Dissonanz (Festinger 2012) wird das Erleben einer Unstimmigkeit, einer Dissonanz, zwischen der individuellen Einstellung und dem eigenen Verhalten häufig als unangenehm empfunden. Menschen tendieren dann dazu, entweder ihre Einstellung dem Verhalten oder das Verhalten ihrer Einstellung anzupassen. Wenn es gelingt, positive Einstellungen zu verordneten Maßnahmen zu generieren, dann ist auch die Wahrscheinlichkeit hoch, dass sich Menschen einstellungskonform verhalten.

> **BOX: Kognitive Dissonanz**
> Kognitive Dissonanz bezeichnet einen Gefühlszustand, der als unangenehm erlebt wird, da Kognitionen beispielsweise nicht im Einklang mit dem eigenen Verhalten oder den Gefühlen stehen.

Der Drang, sich konsistent zu verhalten, ist nicht zu unterschätzen. Zu Beginn der Krise wurde die Bevölkerung zunächst dazu gebracht, die Ausgangsbeschränkungen kurzfristig einzuhalten. Ein genauer Zeitplan war nicht bekannt, es wurde von einer Woche gesprochen und erst nach Akzeptanz dieser Zeitspanne wurde Schritt für Schritt die Einschränkung verlängert. Ähnlich funktioniert die sogenannte „foot-in-the door" Technik: Wird jemand zunächst nach einem kleinen Gefallen gefragt, legt sich diese Person schon einmal fest, dem Wunsch zu entsprechen. In einem nächsten Schritt wächst die Wahrscheinlichkeit weiteren Entgegenkommens, um sich konsistent zu verhalten. Cialdini (2017) beschreibt die Commitment- und Konsistenz-Techniken als effizient, um beispielsweise Käufer zu einer Investition zu überreden.

Regierungen bemühten sich zu Beginn der Krise um die Durchsetzung akzeptabler Einschränkungen, etwa die eigene Wohnung nur im Notfall für kurze Zeit zu verlassen. Nachdem das gelungen war, wurde es im Sinne kognitiver Dissonanzreduktion und des Konsistenzstrebens leicht, weitere Einschränkungen und Verlängerungen der Maßnahmen einzufordern.

BOX: Commitment und Konsistenz
Commitment und Konsistenz beschreiben die Tendenz, eine einmal fest-
gelegte Meinung oder Wahl weiterhin zu verteidigen, da das Umschwenken
auf andere Meinungen oder Optionen mit einem zu hohen kognitiven Aufwand verbunden wäre.

Eine andere Erklärung, dass die Bevölkerung freiheitseinschränkende Maßnahmen
akzeptierte, bietet eine Erkenntnis aus der Prospect-Theorie (Kahneman und
Tversky 1979): Menschen bewerten ein Ereignis, eine Option oder irgendeinen
Wert im Vergleich zu anderen Werten. Der Referenzwert ist variabel und kann
sich schnell der jeweils aktuellen Situation anpassen. Entsprechend wurde mit den
schrittweisen Einschränkungen der Referenzpunkt immer wieder verschoben und
neue Maßnahmen wurden als geringe Veränderung verglichen mit der bestehenden
Lage bewertet. Auch medial vermittelte Zustände in anderen Ländern dienten als
Referenzpunkt, sodass die Einschränkungen im eigenen Land verglichen mit denen
in anderen Ländern gar nicht dramatisch erschienen. Die ersten Einschränkungen
wurden mit dem „Normalzustand" verglichen. Nachdem die erste Schule
geschlossen wurde, ging ein großer Aufschrei durch die Menge. Die Schließung
von Hochschulen und weiterführenden Schulen und in Folge die der Unterstufen,
Grundschulen und Kindergärten, wurde schließlich als konsequent akzeptiert.

Die Prospect-Theorie liefert noch eine weitere Erkenntnis: Verluste werden
meist intensiver erlebt als gleichhohe Gewinne (Kahneman und Tversky 1979).
Berichterstattung über die Anzahl der Toten durch Covid-19 und der Erkrankten
war beeindruckender als die Anzahl genesener Menschen. Menschen reagieren
auf Negativbotschaften stärker als auf positive Nachrichten. Um eine Einhaltung
von drastischen Maßnahmen zu rechtfertigen und durchzusetzen, kann die
Lenkung der Aufmerksamkeit auf Gefahren eine wirkungsvolle Strategie sein. Im
späteren Krisenverlauf wurde dies als manipulative „Angstmache" kritisiert.

BOX: Prospect-Theorie
Die Prospect-Theorie oder „neue Erwartungstheorie" stellt eine Funktion
dar, in der Gewinne und Verluste nicht absolut, sondern als individueller
Nutzen relativ zu einem Referenzpunkt gewertet werden. Dabei wiegen
Verluste stärker als Gewinne. Zudem wird auf Unterschiede zwischen
objektiven Wahrscheinlichkeiten von Gewinnen und Verlusten und
subjektiv gewichteten Wahrscheinlichkeiten Bezug genommen.

Leben in Zeiten der Krise

3.1 Verhalten auf Mikroebene

Nachdem die Krise längere Zeit anhielt und in vielen Ländern monatelang Ausgangsbeschränkungen verhängt worden waren, verblasste der „Anfangszauber" der Solidarisierung.

Zu Beginn wurde geradezu süchtig und nicht selten mit Sensationslust nach neuen Nachrichten und Superlativen gesucht. Aber dann stieg schnell die Sehnsucht nach der Rückkehr in die gewohnte Normalität.

3.1.1 Soziale Gewohnheiten

Die aus der Not heraus eingeführten Verhaltensregeln standen im Widerspruch zu kulturell tradierten, eingesessenen sozialen Umgangsformen. Die verordneten Verhaltensregeln waren noch nicht einstudiert und lang eingeübte und automatisierte soziale Skripte ließen sich nur schwer unterdrücken. Die „neue Nähe" hieß Abstand halten, übliche Begrüßungsrituale sollten unterlassen werden.

Dem „Status Quo"-Bias (Samuelson und Zeckhauser 1988) entsprechend, tendieren Menschen dazu, das Verhalten beizubehalten, das sie gewohnt sind. In Krisensituationen kann sich diese Tendenz verstärken. Wenn gewohnte Strukturen aufbrechen, entstehen Unsicherheit und der Wunsch, wieder Sicherheit zu schaffen. Schon Maslow (1943) sah dieses Bedürfnis als elementar an.

E. Kirchler et al., *Psychologie in Zeiten der Krise,* essentials, https://doi.org/10.1007/978-3-658-31271-8_3

BOX: Status quo Bias
Personen tendieren in Entscheidungssituationen dazu den aktuellen Status
Quo beizubehalten.

Die Notlage löste anfangs überwältigende Solidarität, gehörige Autoritäts-
gläubigkeit und Gehorsam im Land aus. Dass zum Schutz der Gesundheit der Bevölkerung physische Distanz notwendig ist und der Aufenthalt im
öffentlichen Raum so sparsam sein muss, dass Arbeit-von-Zuhause aus ver-
richtet werden sollte und Mund-Nasen-Masken zur Infektionseindämmung beitragen, wurde flächendeckend eingesehen. Auch Bevölkerungsgruppen, deren
Erkrankungsrisiko als gering eingeschätzt wurde, schienen widerspruchslos
die Einschränkungen zum Schutz der Gefährdeten zu akzeptieren. Wer nicht
auf Sport im Freien und den Spaziergang im Park, auf Essen im Restaurant und
Unterhaltung in der Kneipe verzichten konnte oder gar Partys mit Freunden
feierte, musste damit rechnen, von den Nachbarn bei der Polizei gemeldet zu
werden. Die Gefährdung der Gesundheit anderer durch einige wenig einsichtige
„Corona-Brecher" wurde sozial geahndet.

BOX: Soziale Skripte
Soziale Skripte sind – ähnlich einem Drehbuch – Pläne für Handlungs- und
Ereignisabfolgen. Sie beschreiben gesellschaftlich anerkannte und geteilte
Verhaltensweisen in bestimmten Situationen.

Die verordnete physische Distanz fühlte sich aber auch merkwürdig an. Die
Distanz zu anderen Menschen erschien nicht nur als unfreundliche Geste, sondern
verstärkte insbesondere bei älteren Menschen das Gefühl der Vereinsamung,
was die Wahrscheinlichkeit psychischer Erkrankungen und steigender Mortalität
erhöht. UN-Generalsekretär Guterres warnte dementsprechend vor einer weiten
Verbreitung von psychischen Störungen (Kurier 14.05.2020). Den Angaben
des Roten Kreuzes zufolge kann soziale Einsamkeit das Sterberisiko um 25 %
erhöhen (Scherndl 09.04.2020).

3.1.2   Anpassungsstrategien

Anfangs schien „jeden Tag Sonntag" zu sein. Dann holte uns die Realität ein. Arbeit-von-Zuhause bedeutete für viele eine gewaltige Umstellung. Im privaten Bereich waren Anpassungsstrategien gefordert. Hausarbeit, Berufsarbeit, Beaufsichtigung der Kinder und Unterricht zu Hause waren trotz häufig enger Wohnverhältnisse „unter einen Hut" zu bringen. Wer es schaffte, eine klare Struktur in den Alltag zu bringen, hatte einen gewaltigen Teil der Anpassung geleistet; aber nicht allen gelang das. Die Enge zu Hause und die Notwendigkeit, simultan verschiedene Aufgaben zu erledigen wurden zu erheblichen Stressfaktoren. Dass Gereiztheit der Menschen und Aggression in Mehrpersonenhaushalten zunehmen, wenn die Beziehungsqualität nicht harmonisch ist, ist nicht weiter überraschend, genauso wenig wie die Erkenntnis, dass Menschen, die allein leben, dem Risiko der Vereinsamung ausgeliefert sind. Laut WHO wurde in verschiedenen Ländern im April eine Zunahme von Notrufen bei Frauen-Helplines wegen Gewaltausübung durch den Partner von 60 % verzeichnet (Gaigg und Müller 18.03.2020; WHO 26.03.2020-b).

Bald glich ein Tag dem anderen. Menschen und vor allem Kinder haben ein erstaunliches Potenzial, sich neuen Gegebenheiten anzupassen. Wenn eine Situation lange anhält, gewöhnen sich viele daran und „richten sich ein". Hat anfangs der Anblick von Menschen mit Mund-Nasen-Schutz Unbehagen ausgelöst; haben wir uns mittlerweile an den Anblick, wenn auch nicht an das Tragen gewöhnt.

3.1.3   Soziale Vergleiche und Normen

Menschen vergleichen ihr Verhalten mit dem anderer Menschen (Festinger 2012). Soziale Vergleiche können helfen, mit Veränderung umzugehen. Das Verhalten anderer in vergleichbaren Situationen bietet Lern- und Orientierungsmöglichkeit und verdichtet sich zu einer sozialen Norm. In Gesprächen und über die Medien vermittelt zu lernen, wie andere ihren Alltag gestalten und über die Runden kommen, fördert die Möglichkeit, eigene Bewältigungsstrategien zu entwickeln.

Die Beobachtung, wie sich andere im öffentlichen Raum verhalten, ist richtungsweisend dafür, sich selbst ähnlich zu verhalten. Nachdem der Glaube an die Obrigkeit immens angewachsen war und Verhaltensregeln, wie Händewaschen, Abstandhalten, Maskentragen und Zuhausebleiben von vielen akzeptiert und in vorauseilendem Gehorsam manche Empfehlungen als Verpflichtung verstanden worden waren, verhielten sich viele Menschen sogar gefügiger, als nach den erlassenen Richtlinien vorgesehen. Das machte Schule und nur einige Wenige waren aufmüpfig und riskierten soziale Ächtung.

> **BOX: Sozialer Vergleich**
> Beobachtung und Orientierung am Verhalten anderer Personen, die einem nahestehen und sich in ähnlichen Situationen befinden.

3.2   Dynamik auf Mesoebene

3.2.1   Arbeit und Konsum

Während viele Unternehmen in der Vergangenheit ihren Mitarbeitern nur zaghaft Home-Office zugestanden, wurden innerhalb weniger Tage ganze Unternehmenszentralen geschlossen und Mitarbeiter mit Laptops und Headset nach Hause geschickt. Lang gehegte Bedenken schienen sich aufzulösen. Das Home-Office ist zu einem der Symbolbilder der Arbeit während der Krise geworden.

Home-Office, Remote- und Smart-Working wurden vielfach nach wenigen Anpassungsproblemen bewältigt. Bisher geltende soziale Regeln der Arbeitswelt schienen gelockert zu sein. Dass auch Familienmitglieder durch den virtuellen Meetingraum gingen oder ein Kind im Hintergrund lauthals beklagte, dass ein Elternteil gerade nicht mit ihm spielen konnte, wurde als Authentizität und nicht als Fauxpas gewertet. Laut einer Befragung von ECUSA (27.05.2020) meldeten viele Menschen in Österreich Ende Mai 2020, dass sie mit der Home-Office-Situation recht gut zurechtkommen und konzentriert arbeiten können. Die fehlenden Sozialkontakte konnten die digitale Kommunikation aber nicht ersetzen. Tatsächlich fehlen bei den Treffen in virtuellen Räumen die Möglichkeiten informellen Austauschs. Die „verlorenen Schritte am Gang" sind wichtig, weil Sozialkontakte gepflegt, in informellen Nachbesprechungen Unklarheiten bereinigt und auch unkonventionelle Ideen entwickelt werden können, die kreative Lösungen von Aufgaben ermöglichen.

Auch das Verhalten der Konsumenten änderte sich während der Krise. Nachdem viele Läden geschlossen worden waren, wurde zwangsläufig auf Kauf und Konsum verzichtet oder im Netz gekauft. Viele Konsumenten dürften auch hinterfragt haben, was sie wirklich brauchen. Ob die Bekleidungsindustrie und die Geschäfte in den Städten die Einbußen aus dem Frühjahr wieder wettmachen können, ist fraglich; der Lebensmittelhandel und der Online-Handel

boomten. Genauso profitierten die großen amerikanischen Tech-Konzerne von der Pandemie.
Während des Lockdown wurde vermehrt auf „risikofreie" Produkte geschaut und qualitativ hochwertige Produkte wurden vermehrt nachgefragt (Leggett 05.03.2020). Ob die veränderten Konsumgewohnheiten auch nach dem Lockdown anhalten? Mehrere Szenarien können reflektiert werden:

a) Echo-Effekt der Konsumeinschränkungen während der Beschränkungen mit reduziertem Konsum nach Wiedereröffnung: Konsumenten wurden in den Wochen der Ausgangsbeschränkungen zu geänderten Verhaltensweisen „gezwungen". Beispielsweise wurde vermehrt zu Hause gekocht und gebacken. Konsum aus Langeweile war nicht möglich. Online-Händler verzeichneten ein starkes Umsatzwachstum, aber insgesamt war das Konsumniveau (außer für Lebensmittel) niedriger als vor den Ausgangsbeschränkungen. Zahlen aus der Gastronomie und des Handels weisen in diese Richtung. Der Echo-Effekt tritt ein, wenn die Verhaltensänderung während der Krise eine Einstellungs- und länger anhaltende Verhaltensänderung bewirkt. Vielleicht erinnern sich viele Konsumenten auch nach der Krise, dass sie Vieles nicht benötigen.

b) Recovery-Effekt: Nach der Krise könnte sich eine rasche Rückkehr zu den Gewohnheiten vor der Krise abzeichnen. Sind die Einschränkungen von kurzer Dauer, bleibt die Verhaltensänderung auf einer oberflächlichen Ebene kurzfristig bestehen und wird nicht von einer Einstellungsänderung begleitet. Eine Rückkehr zum früheren Verhalten erscheint dann wahrscheinlich.

c) Bounce-Effekt: Das Konsumverhalten könnte nach der Krise kurzfristig zunehmen und in den Folgemonaten wieder abnehmen. Die extern verordnete Zwangspause hat die Kauf- und Konsumgewohnheiten eingeschränkt. Das kann als Freiheitseinschränkung erlebt werden und Reaktanz auslösen, die sich unmittelbar nach Öffnung der Geschäfte entladet und zu erhöhtem Konsumverhalten führt. Gewöhnen sich Konsumenten wieder an die „Normalität", wird auch das zuerst gesteigerte Konsumverhalten wieder abflachen.

Neben der Dauer und dem Ausmaß der Konsumeinschränkungen färbt ein weiterer Faktor auf das Konsumverhalten ab, die allgemeine Konsumentenstimmung, also die subjektive Einschätzung der individuellen und gesamtwirtschaftlichen finanziellen und wirtschaftlichen sowie politischen Entwicklung. Eine pessimistische Konsumentenstimmung wirkt sich negativ auf Konsum aus, eine optimistische Stimmung geht mit höherem Konsum einher. Die Konsumentenstimmung ist im EU-Schnitt im April und Mai stark gesunken (OENB 09.06.2020).

> **BOX: Konsumentenstimmung**
> Konsumentenstimmung bezeichnet den Optimismus von Konsumenten in Bezug auf den Staat und die wirtschaftliche Entwicklung. Der Konsumentenstimmungsindex oder Consumer Confidence Index dient zur Prognose zukünftigen Konsumverhaltens.

3.2.2 Gerechtigkeit

Die gesundheitspolitischen Maßnahmen haben massive wirtschaftliche Kosten verursacht und Selbstständige und Unternehmen, Institutionen für Unterhaltung und Kultur an den Rand des Ruins gedrängt. Während in manchen Branchen das Arbeitspensum enorm gestiegen ist, wurden in anderen Menschen massenhaft in Kurzarbeit geschickt oder sie verloren ihren Arbeitsplatz. Der Arbeitsmarkt brach zum Teil zusammen. Kooperation und Solidarität sind das Gebot der Stunde! Gesundheit und der Erhalt von Arbeitsplätzen wurden zu den obersten Zielen erkoren. „Koste es, was es wolle", war die Devise; für viele, die ihren Betrieb oder ihren Arbeitsplatz bedroht sahen, das tröstende Schlagwort. Während in vielen Bereichen die Umstellung auf Kurzarbeit reibungslos funktionierte, warteten andere ungeduldig auf staatliche Unterstützung.

Akzeptanz und Empörung über unterschiedliche Anspruchsvoraussetzungen auf Unterstützung, bürokratische Hürden bei der Antragstellung und Dauer, bis Hilfsgelder flossen, hielten sich in der Bevölkerung ziemlich die Waage. Die Akzeptanz der staatlichen Hilfe, der Zielgerichtetheit und der Verfahren, sie zu erlangen, ist ein wesentlicher Faktor empfundener Gerechtigkeit der Maßnahmen. Menschen vergleichen ihre Ansprüche auch mit denen anderer und urteilen, ob sie fair gestaltet sind oder nicht. Schließlich wird auch beobachtet, ob Andere Unterstützung beziehen, obwohl sie ihnen nicht zusteht.

Gerechtigkeit ist ein subjektives Konstrukt. Häufig wird zwischen distributiver also Verteilungsgerechtigkeit und prozeduraler oder Verfahrensgerechtigkeit unterschieden. Oft wird auch retributive, also Bestrafungsgerechtigkeit getrennt behandelt (Lind und Tyler 1988). Wenzel (2003) unterteilt prozedurale Gerechtigkeit in interaktionale, prozessbezogene und informationelle Gerechtigkeit, sowie in angemessene Prozesskontrolle.

BOX: Verteilungsgerechtigkeit
Verteilungsgerechtigkeit bezieht sich auf das subjektive Empfinden, dass Güter fair aufgeteilt werden. Dabei können unterschiedliche Verteilungsregeln als fair angesehen werden: Bedürfnis-, Gleichheits- oder Beitragsregeln.

Die Verteilungsgerechtigkeit ist insbesondere bei der Verteilung von Unterstützungsgeldern und des Anspruches auf Unterstützungsprogramme für die verschiedenen Branchen und Betriebe relevant. Menschen beurteilen die Unterstützungsbeträge nicht absolut, sondern in Relation zu dem was sie als Beitrag zum kollektiven Budget beitrugen und im Vergleich dazu, was andere bekommen. Halten sich Beiträge an den Staat und Unterstützung seitens des Staates die Waage, wird die Verteilung als fair wahrgenommen. In diesem Fall wird häufig von Austauschgerechtigkeit gesprochen. Entsprechen die eigenen Beiträge und die erhaltene Unterstützung den Beiträgen und der Unterstützung, die andere zu entrichten haben beziehungsweise beanspruchen können, wird die Verteilung der Lasten und Gutschriften in der Bevölkerung als fair empfunden. In diesem Fall ist von horizontaler Verteilungsgerechtigkeit die Rede.

Die gebotene Eile, Unterstützungsmaßen und Kurzarbeitsprogramme anzubieten und die betreffenden Anträge abzuwickeln, stellte die staatlichen Institutionen vor die schwierige Herausforderung zu entscheiden, wie die mit Steuergelder finanzierten Hilfsmaßnahmen unter den vielen Betroffenen gerecht verteilt werden sollen. Ministerien, Sozialpartner und das Arbeitsmarktservice wurde mit der verantwortungsvollen Aufgabe betraut, unter Einhaltung von Datenschutzmaßnahmen, Anträge um Kurzarbeit, finanzielle Unterstützung und mehr zu sichten und zu entscheiden, wem was in welchem Ausmaß bewilligt werden kann. Geldinstitute wurden dazu angehalten, Überbrückungskredite rasch zur Verfügung zu stellen. Zeit wurde zum entscheidenden Faktor zur Rettung der Wirtschaft.

Komplexe Entscheidungen unter Zeitdruck sind fehleranfällig. Die Abwicklung der Hilfprogramme geschah nicht reibungslos und manche Lücke der geschwind verabschiedeten Gesetze und erlassenen Verordnungen wurde schnell deutlich. Die Medien als „vierte Macht im Staat" kamen ihrer Aufgabe, zu informieren und aufzuklären nach und lieferten die Grundlage für zunehmende Kritik aus der Bevölkerung. Gleichzeitig sahen Trittbrettfahrer die Gelegenheit das System für sich egoistisch zu nutzen. Auch wenn der Zeitdruck als Rechtfertigung für Fehler und Missverständnisse akzeptiert wird und versucht wurde,

Lücken im Regelungswerk zu schließen, war die Verteilungsgerechtigkeit infrage gestellt.

Auch die Verfahrensgerechtigkeit wurde vielfach bemängelt. Die Antragskomplexität und die Dauer der Bearbeitung wurden als Verfahrensmängel kritisiert. Intransparenz, Willkür und die Vernachlässigung wichtiger Branchen, wie der Kultur- und Freizeiteinrichtungen, wurden angeprangert. Die Festlegung, welche Branche wann wieder ihre Geschäfte öffnen darf und ob Schulen vor oder nach den Geschäften ihre Pforten öffnen sollen, wurde nicht für alle einsichtig argumentiert. Willkür – so der Vorwurf – war das Leitmotiv bei der Festlegung der Quadratmeterzahl von Geschäften, die früher oder später öffnen konnten. Schließlich wurden auch Entscheidungen über Grenzöffnungen Anfang Juni 2020 zwischen Ländern wie Österreich, Deutschland und der Schweiz, aber nicht zu Italien, als nicht nachvollziehbar begründet kritisiert (ORF 29.05.2020).

> **BOX: Verfahrensgerechtigkeit**
> Verfahrensgerechtigkeit bezieht sich auf die Anwendung von Regeln und Gesetzen, die für alle in gleicher Weise angewendet werden sollen. Regeln sollen auch transparent und nachvollziehbar sein. Zudem werden häufig ein respektvoller Umgang miteinander und wahrheitsgetreue Information als Kriterien für Verfahrensgerechtigkeit genannt.

Gerechtigkeit bezieht sich auch auf das Verhalten anderer Menschen und Unternehmen. Wenn ein System Trittbrettfahren zulässt, ist es nicht fair, wenn manche sich an die Gesetze halten und andere sich bietende Möglichkeiten rücksichtslos ausnutzen. Eigennutz zum Schaden der Allgemeinheit muss geahndet werden: Allein am Osterwochenende gingen in Österreich 2000 Anzeigen und 380 Organstrafmandate bei der Polizei ein (Der Standard 29.05.2020). Die soziale Kontrolle des Verhaltens ist wirksam, aber auch seitens der Behörden muss sichergestellt werden, dass Bürger zum Wohle aller kooperieren.

3.3   Interaktion auf Makroebene

3.3.1   Motivation

Wie kommen wir aus der Krise wieder heraus? Während der Shutdown recht gut funktionierte, stellte sich das Hochfahren des gesellschaftlichen Lebens und der

Wirtschaft doch schwieriger dar. Zu schnelle Rückkehr in die ersehnte Normalität könnte das Risiko einer neuen Infektionswelle bedeuten und das gute Ergebnis der vielen Anstrengungen würden zunichte gemacht. Die Bundesregierung versuchte mit Durchhalteparolen zu motivieren.

Aus der Verhaltenspsychologie ist bereits seit den 1950er Jahren bekannt, dass die Bestätigung von gewünschtem Verhalten (beispielsweise Lob, Anerkennung) dieses Verhalten verstärkt. Die Positive Psychologie baut auf diesem Wissen auf (Seligman 1990) und legt den Fokus auf die „bright side of life", also Stärken und Talente und nicht auf Schwächen und negativen Abweichungen von der Norm. So schienen die Politiker nicht müde zu werden, ihren Bürgern in dieser Zeit zu danken, insbesondere den vielen Personen, die einen systemwichtigen Beitrag leisten, wie Ärzten, Pflegepersonal, Sicherheitskräften und Lebensmittelbeziehungsweise Energieversorgern, aber eben auch der restlichen Bevölkerung, die durch Einhaltung physischer Distanz und Tragen von Mund-Nasen-Schutz „Leben rettet". Prominente Testimonials warben in Medien um Geduld und aufmunternde Musik aus Polizeiautos verbreiteten den Geist der „gemeinsamen Sache".

> **BOX: Positive Psychologie**
> Die positive Psychologie beschäftigt sich mit der Erforschung von Strukturen, die zu mehr Lebensqualität beitragen.

3.3.2 Kooperation

Wie kann sichergestellt werden, dass Bürger zum Wohle der Gemeinschaft kooperieren? Im Kontext der Psychologie des Steuerverhaltens wurde ein Konzept erstellt, das Slippery-Slope Rahmenmodell (Kirchler et al. 2008; Abb. 3.1), wonach die Kooperationsbereitschaft der Bevölkerung mit dem Staat steigt, wenn die Autoritäten die Macht haben, Kooperation zu erzwingen und ihnen vertraut wird. Effiziente Kontrollen und Sanktionen im Falle illegalen Handelns und vertrauensbildende Maßnahmen sind ausschlaggebend. Freiwillige Kooperation hängt vom Vertrauen in den Staat und in die Behörden ab und vom Wissen, dass die Behörden kooperationswillige Bürger vor der Ausbeutung durch Trittbrettfahrer schützen wollen und können. Ist das Vertrauen in die Regierung hoch, kann die Einhaltung der Maßnahmen auf freiwilliger Basis erwartet werden. Ist das Vertrauen gering, können lediglich effiziente Kontrollen und

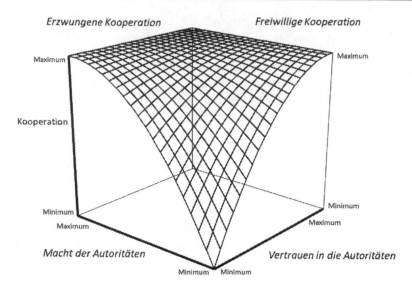

Abb. 3.1 Kooperation in Abhängigkeit von der Macht der Behörden und dem Vertrauen in die Behörden

harte Strafen, die Kooperationsbereitschaft erzwingen. Strafen im Sinne der Verfahrensgerechtigkeit können das Vertrauen in die Autorität derjenigen stärken, die sich selbst bereitwillig an die Maßnahmen halten. Allerdings müssen Kontrollen zielgerichtet auf Trittbrettfahrer klar abzielen und nicht nach Zufallsprinzip erfolgen. Sind Kontrollen nicht zielgerichtet, signalisieren sie allen Bürgern Misstrauen seitens der Behörden, was Misstrauen aufseiten der Bürger in den Staat zur Folge hat. Es gilt also eine gute Balance zwischen Kontrollen und Strafen und darum, Vertrauen zu schaffen, um die Kooperationsbereitschaft seitens der Bevölkerung aufrecht zu erhalten.

BOX: Slippery-Slope Rahmenmodell
Rahmenmodell zu Kooperation in Gemeinschaften in Abhängigkeit von der Beziehung zwischen Staat und Bürger. Die Beziehung wird dabei anhand der Dimensionen „Macht" und „Vertrauen" beschrieben.

3.3.3   Vertrauen und Steuerehrlichkeit

Was ist wichtig, um Vertrauen zu stärken und die Kooperationsbereitschaft der Bürger während und nach der Krise zu erhalten? Gärling, Kirchler, Lewis und van Raaij (2010) nennen sieben Kriterien, welche dem Vertrauen in Institutionen zugrunde liegen:

- Die Kompetenz der Akteure ist relevant. Behörden müssen in redlicher Weise vorgehen, professionell und sachlich agieren.
- Integrität bedeutet, dass alle Bürger nach ethischen Prinzipien behandelt werden, nicht grundsätzlich als Gesetzesbrecher angesehen werden, bis das Gegenteil festgestellt wurde und dass sich die Akteure authentisch verhalten.
- Transparenz bedeutet auch, dass Regeln und Verfahren kommuniziert werden und sichergestellt wird, dass sie auf Seite der Rezipienten auch korrekt verstanden werden.
- Wohlwollen seitens der Behörde bedeutet, dass die Perspektive der Bürger eingenommen wird und deren Interessen berücksichtigt werden.
- Wertkongruenz bezieht sich auf Werthaltungen der interagierenden Parteien. Normen und Werte sollen kongruent sein. Kongruenz ist eine Voraussetzung für die Identifikation der Bürger mit dem Staat.
- Stabilität der staatlichen Einrichtungen ist wesentlich. Es muss sichergestellt werden, dass staatliche Behörden ihre Arbeit im Dienste der Bürger langfristig leisten können.
- Schließlich ist das positive Image der Behörden wichtig. Reputation, positive Einstellungen zu den Behörden sind für die Bildung und Erhaltung von Vertrauen maßgeblich.

Die Studien zur staatlichen Kontrolle und zum Vertrauen in die staatlichen Behörden und Beobachtungen über das Verhalten der Autoritäten und der Bürger während der Krise lassen einige Schlüsse darüber zu, wie die Kooperationswilligkeit während und nach der Krise aufrechterhalten werden könnte.

In Bezug auf die Macht ist es wichtig, dass die Behörden bereit und in der Lage sind, Regelbrecher effizient und effektiv zu prüfen, und dass Geldbußen im Falle der Umgehung oder des Missbrauchs öffentlicher Mittel angemessen sind. Am wichtigsten ist, dass Machtmaßnahmen als legitim angesehen werden und dass akzeptiert wird, dass Zwang erforderlich ist. Allerdings müssen Zwangsmaßnahmen zur Einhaltung der Regeln zielgerichtet auf Trittbrettfahrer gerichtet sein.

In Zeiten der Krise dürfen Autoritäten nicht aufhören zu kommunizieren, Services anzubieten und die soziale Norm der Kooperation zu stärken; sie dürfen auch nicht lasch kontrollieren, ob das System von einigen wenigen egoistisch ausgenützt wird. Folgende Überlegungen erscheinen uns relevant[1]:

a) Kommunikation: Die erste Regel des Krisenmanagements ist Kommunikation. Es ist wichtig, der Bevölkerung klare Informationen über Unterstützungsmaßnahmen, Zugang zu Unterstützung zu liefern und die Maßnahmen und ihre (beabsichtigten) Auswirkungen sowie Rechte und Pflichten zu rechtfertigen. Fehlinformation und Desinformation müssen schnell und konsequent behoben werden.

b) Einfachheit: Die Hürden zur Kooperation müssen so gering wie möglich gehalten werden. Dies gilt sowohl für die Umsetzung von Schutzmaßnahmen als auch für die bürokratischen Hürden in Bezug auf die finanzielle Unterstützung. Einfache Regeln verstärken den Eindruck, dass die Behörden wohlwollend, einfühlsam und zum Nutzen des Einzelnen und der Gesellschaft gehandelt haben. Dies erhöht die Verfahrensgerechtigkeit, die die Grundlage des Vertrauens bildet.

c) Services sind wichtig und müssen in der erforderlichen Quantität und vor allem in hoher Qualität angeboten werden. Professioneller Service erfordert, dass die Mitarbeiter der öffentlichen Verwaltung klar über die geltenden Regelungen und deren Anwendung informiert sind. Im Allgemeinen kann keine Regel in allen Fällen sinnvoll angewendet werden. Das Personal muss effizient geschult werden, damit es in Rechtsfragen Expertise hat und die Bürger entsprechend ihrer Motivation und ihrem Verständnis informiert.

d) Kooperation als sozial verbindliche Norm: Die Mitteilung, dass die Mehrheit zur Zusammenarbeit bereit ist und Unterstützungsleistungen (Kurzarbeit, Antrag auf Steuererleichterung und öffentliche Zuwendungen) nicht missbraucht, ist wirksam, da die Zusammenarbeit als soziale Norm festgelegt wird, die als Richtlinie für das Verhalten der Menschen dient. Neben der Festlegung und Vermittlung sozialer Normen für kooperatives Verhalten müssen Maßnahmen ergriffen werden, die die Identifikation von Bürgern und Bewohnern mit der Gesellschaft stärken.

e) Kontrollen und Strafen: Die Krise hat viele Selbstständige und Unternehmen in wirtschaftliche Schwierigkeiten gebracht und für viele finanzielle Verluste verursacht. Finanzielle Verluste wiegen schwer und motivieren Menschen zu Reparaturhandlungen und erhöhter Risikobereitschaft. Zudem könnte die Wahrnehmung fehlender Gerechtigkeit zu verstärkter Steuerhinterziehung

---

[1]Die Überlegungen stammen aus Diskussionen über zukünftige Steuerehrlichkeit mit Kay Blaufus von der Universität Hannover, Martin Fochmann von der Freien Universität Wien und Nina Olson vom Center of Taxpayer Rights, Washington-DC.

führen. Wenn der Nachbar der Zahlung seiner Steuern ausweicht oder Steuern hinterzieht, regt dies andere dazu an, dieses Verhalten nachzuahmen. Um zu verhindern, dass dieses unerwünschte Verhalten zur Norm wird, müssen Kontrollen angekündigt und gezielt durchgeführt werden. Die staatlichen Behörden dürfen nicht riskieren, ihre Autorität zu verlieren, um die Einhaltung der Gesetze sicherstellen zu können.

f) Zielgerichtetheit: Während die wahrgenommene legitime Macht (Prüfungen und Strafen im Falle illegalen Handelns) das Vertrauen in die Autorität stärkt, kann Zwang ein zweischneidiges Schwert sein. Wenn die Steuerbehörden Zwangsmaßnahmen ergreifen, die genau auf Trittbrettfahrer abzielen, die die Gesellschaft ausnutzen, wird sich die kooperative Mehrheit von Schädigungen durch Trittbrettfahrer geschützt sehen. Wenn jedoch Zwangsmaßnahmen willkürlich auf jeden gerichtet wahrgenommen werden, wirken sie als Signal eines Generalverdachtes. Auch unverhältnismäßige Strafen verringern das Vertrauen in die Autoritäten und in Folge die freiwillige Kooperation der Bürger.

g) Framing: Schließlich muss überlegt werden, in welcher Weise Maßnahmen und Unterstützung sowie Abgabenforderungen kommuniziert und umgesetzt werden können. Die vorübergehende Senkung der Mehrwertsteuer und entsprechende Preisanpassungen können für Unternehmen einen hohen Aufwand bedeuten, der kurzfristig nicht von allen bewältigt werden kann. Wenn kleinere Unternehmen die Preise nicht angleichen können und Konsumenten Preise zwischen verschiedenen Anbietern vergleichen, sind Wettbewerbsnachteile die Folge – vielleicht auf Kosten derer, die von der Krise bereits in die Enge getrieben wurden. Auf Konsumentenseite ist zu beachten, dass Verluste stärker wiegen als Gewinne. Das sollte berücksichtigt werden, wenn kommuniziert wird, dass Maßnahmen eingeführt oder wieder aufgehoben werden. Wenn beispielsweise zur Stimulierung des Konsums der Mehrwertsteuersatz für einige Zeit gesenkt wird, mag das aus ökonomischer Sicht eine sinnvolle Strategie sein. Aber wie komplex ist die Umsetzung im Handel und – falls die Reduktion an die Konsumenten weitergegeben wird – nehmen Endverbraucher die terminisierte Senkung des Steuersatzes auch wahr und finden sie sie fair? Um verhaltenswirksam zu sein, muss eine Veränderung über der Wahrnehmungsschwelle liegen. Wenn in einem Land die Mehrwertsteuer beispielsweise 20 % beträgt, dann würde eine Halbierung des Steuersatzes sicher deutlich als Verbilligung von Waren erlebt werden. Aber würden Konsumenten auch eine Reduktion von 20 % auf 18 % wahrnehmen? Vielleicht würden Menschen aus ärmeren Schichten eine Erleichterung erleben; aber wer wohlhabend ist könnte die Preisänderung gar nicht bemerken. Der Effekt würde dann verpuffen. Zu überlegen ist auch, was geschehen kann, wenn die Reduktion wieder zurückgenommen wird. Die Reduktion von 20 auf 15 % würde wahrscheinlich von

vielen als Gewinn wahrgenommen und positiv erlebt werden und einen Konsum-
effekt haben. Aber nach einiger Zeit würde der Steuersatz von 15 % der neue
Referenzpunkt sein. Wenn nun – wie angekündigt – die Mehrwertsteuer wieder
auf die früheren 20 % angehoben wird, erscheint das als Verlust. Waren werden
als teurer erlebt als vorher, auch weil Verluste stärker wirken als Gewinne. Der
frühere Zustand wird also nicht erreicht. Wenn nicht die Steuer von 20 % auf 15 %
gesenkt wird, sondern bei 20 % bleibt und ein Bonus von fünf Prozent angeboten
wird (also 20 % − 5 % = 15 %), ergibt sich rechnerisch auch eine Reduktion auf
15 %. Wenn die Mehrwertsteuer bei 20 % festgesetzt bleibt und später der Bonus
zurückgenommen wird, bleibt rechnerisch auch alles gleich, aber aus wirtschaftspsychologischer Sicht ist die Erhöhung von 15 % auf 20 % ein klarer Verlust, der
Wegfall des Bonus aber ein weniger schmerzhafter Entgang eines Gewinnes.[2]

h) Pläne für die Zukunft: Der Schock für die Wirtschaft, die umfangreichen Kon-
junkturpakete, staatlichen Garantien und geringeren Steuereinnahmen ver-
ursachen enorme Haushaltsdefizite. Zudem ist die zukünftige Entwicklung der
Gesundheitskrise ungewiss und weitere Lockdowns sind nicht ausgeschlossen.
Die Regierungen müssen sich in den kommenden Jahren mit Unsicherheit
und Finanzrisiken auseinandersetzen. Überraschungen dürfen nicht passieren!
Deshalb müssen alle möglichen Entwicklungen überlegt und entsprechende
Strategien geplant werden. Mögliche zukünftige Szenarien und Handlungs-
pläne müssen nicht nur vorweggenommen werden, sondern der Öffentlichkeit
so kommuniziert werden, dass Flexibilität als Stärke und nicht als Unent-
schiedenheit interpretiert wird.

i) Rückblick und Urteile: Die wirtschaftliche Not wird anhalten und die staatlichen Institutionen herausfordern. Rückblickend erinnern wir uns vage an
die Ziele, die Gesundheit über alles zu stellen und enorme wirtschaftliche
Kosten in Kauf zu nehmen. Erinnerungen werden auf der Grundlage aktueller
Erfahrungen und Motive konstruiert. Wir werden dann die notwendigen
Sparmaßnahmen als unangemessen hoch empfinden, uns über insolvente
Unternehmen und den Mangel an Arbeit beschweren und die Regierungen
für höhere Steuern und Abgaben verantwortlich machen. Um die Akzeptanz
künftiger finanzieller Sparmaßnahmen und die Solidarität in der Gesellschaft
zu sichern, ist es nicht nur wichtig, Interventionen der Regierung – bestätigt
durch das Parlament – zu planen und zu kommunizieren, sondern auch ver-
zerrten Urteilen vorzubeugen: Maßnahmen, Programme und Begründungen,
die während der Krise, als die Unsicherheit auf höchstem Niveau war, müssen
aufgezeichnet werden, um rückblickend Erinnerungsfehler zu vermeiden.

---

[2]Deutschland beschloss ab 1. Juli 2020 bis 31. Dezember 2020 die Mehrwertsteuersätze
von 19 auf 16 % und von 7 auf 5 % zu senken (Handelsblatt, 04.06.2020).

Reparatur, Rückschau und Ausblick 4

Auch wenn die Covid-19-Krankheitsfälle seit Mai 2020 in den meisten europäischen Ländern rückläufig sind und die notwendigen Anstrengungen zur Gewährleistung eines funktionierenden Gesundheitssystems in vielen Fällen als geglückt angesehen werden können, stehen die wirtschaftlichen und damit gesellschaftspolitischen Herausforderungen noch bevor. Auch die gesundheitlichen Risiken sind nicht gebannt. Zwar hatte der Zukunftsforscher Matthias Horx im März 2020 in seiner optimistischen „Regnose" Hoffnung auf einen baldigen Impfstoff, auf die Auflösung extremer politischer Gruppierungen und den Sieg der Solidarität gemacht (Horx 05.06.2020). Die Entwicklung eines zuverlässigen Impfstoffes wird aber noch dauern und die anfängliche Solidarität erscheint bereits an vielen Stellen der gesellschaftlichen Realität brüchig.

Während zu Beginn der Krise Angst und Sicherheitsbedürfnisse aktiviert waren und nach Adaption an die neue Situation abnahmen, stieg seit Ende April die Gegenmobilisierung. Ein Auszug aus der Cosmo-Studie der Universität Erfurt zeigt diese teilweise gegenläufigen Entwicklungen anhand einer repräsentativen Befragung deutscher Personen (Abb. 4.1).

4.1 Schuldzuweisung und Verschwörungstheorien

Die Suche nach den Sündenböcken der Krise und ihrer Auswirkungen hat begonnen! Wer hat das Unheil verursacht? René Girard, ein französischer Religionsphilosoph, Anthropologe und Literaturwissenschaftler, beschreibt in seiner „mimetischen Theorie", dass eine Gewaltspirale durch die Opferung eines Sündenbockes und ein Unheil durch die Verfolgung eines „Schuldigen" unterbrochen wird (Girard 1988; siehe Palaver 2008). Durch die Opferung wird

E. Kirchler et al., *Psychologie in Zeiten der Krise*, essentials, https://doi.org/10.1007/978-3-658-31271-8_4

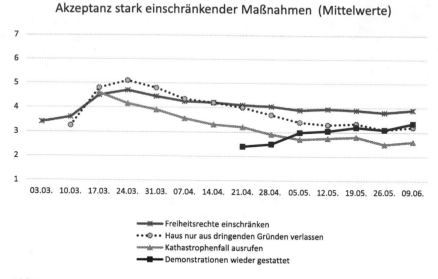

Abb. 4.1 Ergebnisse der Cosmo-Studie – Akzeptanz der Maßnahmen. (COSMO 14.06.2020)

Reinigung erzielt. Zwar sind die Sündenböcke austauschbar, ihre Verfolgung dient der Gesellschaft aber immer für denselben Zweck, nämlich der Wiederherstellung der Einmütigkeit und des Friedens.[1] Auch heute scheinen sich die archaischen rituellen Muster zu wiederholen.

Zur Zeit der Schwarzen Pest im 14. Jahrhundert wurden die Juden als vermeintliche Verursacher verfolgt. Im „Erdbeben in Chili[2]" lässt Heinrich von Kleist den Chorherrn warnend verkünden, dass das Unheil die Strafe Gottes für das sündhafte Leben der Bürger sei und mehr Unheil hereinbrechen werde, würden die Bürger nicht zu den Gesetzen der Kirche zurückkehren. Daraufhin besinnt sich die Masse des Frevels eines Paares, das ein uneheliches Kind gezeugt hatte, gerät in Rage und erschlägt die „Sünder".

---

[1]Wir danken Mona Hahn von der Akademie der bildenden Künste, Wien, für den Hinweis auf die Theorie von René Girard und Ulrich Rasche für seine Ausführungen zum „Erdbeben in Chili" während seiner Vorbereitungen zur Aufführung im Residenztheater München.

[2]Heinrich von Kleist (1807/2020). Die Marquise von O…/Das Erdbeben in Chili. Stuttgart: Reclam.

Unsere Suche nach Sündenböcken in der Corona-Krise führte zuallererst nach China. Hinweise auf den Lebensstil und die Hygienebedingungen dort, auf Versäumnisse, die ersten Covid-19-Erkrankungen sofort der WHO zu melden, oder der Vermutung waghalsiger Experimente in den dortigen Forschungslabors sind doch genug Indizien! Andere beschuldigen Bill Gates als geheimen Lenker, der bereits Ende 2016 den US-Präsidenten Donald Trump vor Pandemien gewarnt haben soll und drängte, das Gesundheitswesen besser zu finanzieren. Oder war es doch George Soros? In den sozialen Medien und in fragwürdigen Publikationen gedeihen Verschwörungstheorien zur Hochblüte. Mittlerweile scheint auch die Frage kein Tabu zu sein, ob der Schutz der Alten nicht doch zu ernst genommen wurde und ob es wert war, die Wirtschaft zu ruinieren zum Schutz einer Generation, die ohnehin nur noch kurze Zeit am Leben ist. „Wir retten möglicherweise Menschen, die in einem halben Jahr sowieso tot wären", stand in der „Welt" am 28. April 2020. Damals erntete der Tübinger Oberbürgermeister noch viel Kritik für seine lauten Gedanken (Palmer 02.06.2020).

Alternative Erklärungsmodelle werden dann herangezogen, wenn die „offizielle" Version nicht ausreichend befriedigt und Befürchtungen und Ängste nicht ausreichend reduzieren kann. Beeindruckend ist, wie hartnäckig sich Sündenbock- und Verschwörungstheorien halten, wie schwer sie sich durch Sachinformation widerlegen lassen und wie störrisch ihre Gläubigen auch wider besseren Wissens daran festhalten. Archaische Rituale scheinen an ihrer Notwendigkeit und Wirksamkeit nichts eingebüßt zu haben.

Inzwischen lebt auch der gewohnte Zank zwischen den Parteien wieder auf – zynisch betrachtet, ein erster Schritt zurück in die bekannte Normalität. Demonstrationen gegen die von der Regierung getroffenen Maßnahmen lassen keinen Zweifel an der steigenden Unzufriedenheit in der Bevölkerung.

Die überwältigende Solidarität in der Bevölkerung zu Beginn der Krise verebbte. Die Meinungen gehen auseinander, die Gesellschaft spaltet sich und die Polarisierung wird von extremistischen rechts- oder linksgerichteten Gruppierungen, Impfgegnern und Verfassungswächtern für ihre Ideen genutzt.

4.2   Bewertung und Rückschau

Wir werden bald vergessen haben, wie einstimmig wir für Maßnahmen zum Schutz der Gesundheit der Bevölkerung waren. Die Kollateralschäden werden uns lang beschäftigen und im Rückblick werden wir die Vergangenheit durch die Brille der Gegenwart sehen.

Die Psychologie kennt das Phänomen des sogenannten Rückschaufehlers und weiß von den Schwächen und Tricks des Gedächtnisses (Fishhoff und Beyth 1975; Kahneman und Riepe 1998). Erfahrungen verblassen, Erinnerungen werden im Nachhinein rekonstruiert, wobei die Rekonstruktion der Vergangenheit den aktuell gegebenen Motiven unterliegt. Das kann zu erheblichen Verzerrungen der Erinnerungen an das vergangene Geschehen führen.

> **BOX: Rückschaufehler**
> Die Tendenz, sich im Nachhinein nicht korrekt an frühere Vorhersagen zu erinnern und zu meinen, Schätzungen in Richtung der tatsächlichen Entwicklungen abgegeben zu haben, wird als Rückschaufehler bezeichnet.

Im Rückblick – wenn wir noch einmal davongekommen sind – könnten wir die Sparmaßnahmen, die zur Finanzierung „koste es, was es wolle"-Doktrin notwendig werden, als erdrückend wahrnehmen, das Fehlen von Arbeit beklagen und die erbrachten wirtschaftlichen Opfer als unangemessen bewerten. Die materiellen Einbußen werden schmerzhaft sein und der „Wiederaufbau" wird länger dauern als unsere Geduld anhalten wird. Was uns als notwendige Maßnahmen zum Schutz der Menschen richtig erschien, werden wir im Nachhinein immer schon als überzogen erinnern. Wir werden nach Schuldigen suchen und diese auch unter den Politikern finden, deren Strategien wir anfangs zustimmten. Im Nachhinein haben wir immer schon gewusst, was sinnvoll und was unsinnig war.

Die wirtschaftlichen Einbußen werden manche stärker treffen als andere. Wenn die ökonomisch schwierige Lage lang andauern wird, wird unsere Geduld hart auf die Probe gestellt. Werden wir uns dann an sachlichen Überlegungen orientieren und Entscheidungen treffen, die uns als Gemeinschaft langsam wieder zurück in den Wohlstand führen. Oder werden wir nach schnellen Lösungen suchen, nach einfachen Antworten auf die komplexen Aufgaben, nach der Devise „rette sich, wer kann"? Werden wir uns in Gewinner und Verlierer spalten und die Verlierer ihrem Schicksal überlassen? Wer über lange Zeit ohne Arbeit ist und am Rande des Existenzminimums leben muss, wird nach erfolgloser Arbeitssuche letztlich resignieren. Wenn eine schwierige materielle Lage länger anhält, die politischen und wirtschaftlichen Maßnahmen nicht greifen, dann muss nicht angenommen werden, dass die sozial schwachen Gruppen zu Gewalt und Radikalisierung neigen. Studien deuten jedoch darauf hin, dass in den 1930er Jahren zunehmende Arbeitslosigkeit mit steigendem Stimmanteil für die NSDAP verbunden war und Analysen der Kriminalstatistik des deutschen Bundeskriminalamtes aus den 1990er Jahren kommen zum Ergebnis, dass Arbeitslosenquoten mit Verbrechen von Rechtsextremisten korrelieren. Hohe Arbeitslosenquoten scheinen mit zunehmender Xenophobie im Land und mit rechtsextremistischen Einstellungen zusammen zu hängen. Die soziale Ausgrenzung von Menschen, emotionale Labilität und Desorientierung machen Menschen „zum Reservoir politischer Bewegungen, die autoritäre Lösungen anstreben" (Wacker 1983, S. 102). Dann haben Heilsversprecher Hochkonjunktur, die vorgeben, den Weg aus der Krise zu kennen. Dann – wenn scheinbar gar nichts greift, um die Lage nachhaltig zu verbessern – halten wir uns an „Strohhalmen" fest. Bekanntlich machen uns populistisch handelnde Führer glauben, sie würden unsere Probleme kennen, diese ernst nehmen, sich unserer Probleme annehmen und uns aus der misslichen Lage befreien. Dabei wird häufig auch ein äußerer Feind benannt, uns eingeredet, die Anderen wären uns feindlich gesinnt, die Kommunikation mit ihnen sei nicht zielführend; soziale Grenzen zwischen „Wir" und „die Anderen" werden gezogen (Kirchler und Hoelzl 2018).

Wie können wir die Erinnerung an die ursprünglichen Sorgen und solidarischen Ziele wachhalten, damit wir uns von der Krise, ihren Folgekosten und den Anstrengungen sie zu bewältigen, gesellschaftlich nicht spalten lassen, die Anderen abwerten und letztlich wieder in überwunden geglaubte Nationalismen zurückfallen?

4.3 Gesundheitsschutz als Voraussetzung für die Wirtschaft

Als Beweis dafür, dass die Wirtschaft ohne sachlich fundiertem Grund „niedergefahren" wurde, wird in Deutschland und Österreich auf die relativ niedrigen Todeszahlen verwiesen, auf die ausgebliebene exponentielle Ausbreitung des Virus in der Bevölkerung und darauf, dass ohnehin die meisten Todesopfer unter jenen zu beklagen wären, die aufgrund ihrer Erkrankungen und ihres Alters in wenigen Monaten verstorben wären. Dabei wird jedoch vergessen, dass die exponentielle Ausbreitung der von Virologen und Statistikern prognostizierten Infektions- und Sterberaten gerade deshalb ausgeblieben ist, weil das Maßnahmenpaket erfolgreich, also doch dringend notwendig war. Nachdem der Kampf gegen Corona kein Experiment mit einer Kontrollgruppe ist, fällt der Vergleich mit der Realität nur im Verhältnis zu theoretischen Annahmen darüber aus, was ohne Lockdown passiert wäre.

Die scheinbaren Gegensätze „Gesundheit oder Wirtschaft" werden gegeneinander ausgespielt, jedoch können sowohl die Wirtschaft als auch Arbeit und Konsum, nur dann funktionieren, wenn sich Menschen nicht gesundheitlich bedroht fühlen. Die Argumentation müsste also lauten, dass die Maßnahmen zum Schutz der Gesundheit für die Wirtschaft essentiell waren, so wie das auch die israelische Wissenschaftlerin Eva Illouz (24.03.2020) in einem Interview bestärkt. Beispielsweise ist nicht vorstellbar, dass viele Menschen Restaurants besuchen, wenn sie sich gesundheitlich bedroht fühlen oder ins Konzert- und Theater gehen, wenn sie fürchten müssen, sich in der Masse von Leuten mit dem Virus zu infizieren. Der Konsum generell wird nur dann wieder steigen, wenn Optimismus und Vertrauen in die Zukunft vorhanden sind. Die Politik, die Wissenschaft und seriöse Medien müssen das in den Meinungen der Menschen dominierende Paradoxon „Gesundheit oder Wirtschaft" auflösen. Ob die Kommunikation gelingt, sodass die Information, dass die Eindämmung des Virus die Voraussetzung für eine funktionierende Wirtschaft ist, auch in der Bevölkerung verstanden und angenommen wird, ist fraglich.

4.4   Klare Regeln oder libertärer Paternalismus

Waren die strikten Anweisungen und Strafen bei Zuwiderhandeln notwendig oder hätten uns auch sanfte Stupser, Nudges (Thaler und Sunstein 2008), zu erwünschtem Verhalten motiviert? Wir befanden und befinden uns in einem „sozialen Dilemma". Das heißt, wir sind in einer Situation, in welcher der Einzelne einen Vorteil darin sehen mag, sich seine Freiheit zu nehmen, sich nicht nach den Regeln zu verhalten, also nicht zu kooperieren. Wenn sich der Großteil der Bevölkerung an die Empfehlungen hält, hat derjenige einen Vorteil, der nicht kooperiert. Wenn viele nach der Maxime egoistischer Nutzenmaximierung handeln, dann entsteht für alle ein Schaden. Nicht-kooperatives Verhalten Einzelner würde kooperativ handelnde Menschen demotivieren und schnell Nachahmer finden. Dabei würden jene, die egoistisch handeln, nicht nur sich selbst gefährden, sondern viele andere auch. Die enormen gesamtgesellschaftlichen Kosten würden in der Konsequenz nicht jene tragen, die sich auf ihr Grundrecht auf Freizügigkeit berufen, sondern die gesamte Gesellschaft. Deshalb waren klare Maßnahmen und die Kontrolle der Einhaltung notwendig. Während Nudges zu Beginn der Krise, als schnell gehandelt werden musste, ihre Wirkung wohl verfehlt hätten, könnten sie nach den ersten Maßnahmen doch vielversprechend eingesetzt werden.

Aus der Wirtschaftspsychologie und Verhaltensökonomie ist bekannt, dass wir in Risikosituationen häufig zu optimistisch sind (Optimismus-Bias). Menschen neigen dazu, sich bezüglich ihrer Unverletzbarkeit selbst zu überschätzen (Überschätzungs-Bias). Auch neigen sie dazu, den Status-quo zu erhalten und stemmen sich gegen Veränderungen, wenn sie unsere Gewohnheiten stören. Wir lassen uns nur ungern von gewohnten Verhaltenspfaden abbringen und reagieren widerwillig auf Maßnahmen, die unsere Freiheit einschränken. Deshalb können Nudges wirksamer sein als weitere Gesetze und Verbote.

Tipps zum Anstoß gewünschten Verhaltens im Sinne des Nudging könnten dahin gehend „designed" werden, dass gewünschtes Verhalten einfach und attraktiv gemacht wird, dass es als soziale Norm angesehen wird und der Zeitpunkt von Informationen günstig liegt. Medial sichtbare Personen, Idole und sogenannte Influencer könnten das gewünschte Verhalten offen zeigen, also zum Vorbild werden. Die Affekt-Heuristik lehrt, dass emotionalisierende Kommunikation oft wesentlich wirksamer ist als Sachinformation. Deshalb sollten gewünschte Verhaltensweisen so vermittelt werden, dass sie als verantwortungsvoll gelten und Stolz bei jenen auslösen, die sich entsprechend verhalten. Einfache Nudges sind auch dann gegeben, wenn die Situationsarchitektur strategisch so geplant ist, dass das gewünschte Verhalten leicht möglich ist, etwa indem Masken in Lokalen erhältlich sind, Desinfektion leicht möglich ist und Abstandhalten durch bauliche Maßnahmen einfach ist.

BOX: Nudging

Anwendung von Erkenntnissen über psychologischen Verhaltens- und Entscheidungssystematiken, um Entscheidungsarchitekturen zu gestalten, die Menschen zu ihnen und/oder der Gesellschaft nützenden Entscheidungen führen sollen.

4.5   Globale Krisen – globales Handeln

Die SARS-CoV-2-Pandemie ist ebenso wenig eine nationale Krise wie der Klimawandel. Die Angst vor der Bedrohung hat das Wir-Gefühl im eigenen Land gestärkt, nicht aber die internationale Kooperation. Wie furchtbar hat uns das Virus unsere Wirklichkeit auf dem Weg zu einer „besseren Welt" vorgeführt! Europäische oder internationale Bewältigungsvorschläge ließen und lassen auf sich warten. Der Wettbewerb zwischen den Ländern verstärkte sich, statt zusammenzurücken: Nach dem Motto: „Wer am meisten bietet", schnappte der eine dem anderen in Raubrittermanier anfangs in Auslieferung befindliche Schutzkleidung weg oder konfiszierte Lieferungen an den Nachbarn, um die dringend benötigte Ware im eigenen Land zu behalten.

Auch wenn die Theorie der sozialen Identität die Dynamik der Wir-die Anderen-Differenzierung und Diskriminierungstendenzen noch so plausibel erklärt, darf die internationale Kooperation nicht zugunsten des Zusammen-rückens auf nationaler Ebene und der Abschirmung von anderen aufgegeben werden, weil die großen Probleme unserer Zeit globale Herausforderungen sind und nicht vor den Staatsgrenzen haltmachen. UNO, EU und deren Mit-gliedstaaten müssen jetzt zu Solidarität und Kooperation stehen und aus den ermüdenden Querelen herausfinden. Worthülsen und Interessensbekundungen mit dem Ziel, den eigenen Nutzen zu maximieren und den gemeinsamen Nutzen zu ignorieren, ermüden schon lange.

4.6   Krise als Chance

Bisher wurde von den Vertretern des Turbokapitalismus grenzenloses Vertrauen in die Kraft des freien Marktes gesetzt und die Vorteile des harten Wettbewerbs wurden gepredigt und verteidigt. Das hat nicht nur die Ausbeutung von Staat und Menschen gefördert, sondern auch zu signifikanter Ungleichverteilung von Ein-kommen und Wohlstand in vielen Ländern geführt. Die Steigerung von Profiten war die Messeinheit für Erfolg. In der aktuellen Situation bietet das Credo der Profitorientierung jedoch keine brauchbare Antwort auf die weltweite Krise. Wir waren zwar vor weltweiten Krisen gewarnt, haben auch den Ausbruch von COVID-19 in China aus sicherem Abstand tatenlos zugesehen, aber nicht selten wurden weiter auf Teufel komm raus alles unternommen, um Renditen zu steigern. Der Tiroler Touristenort Ischgl ist zu berüchtigter Berühmtheit avanciert.

Überraschend positiv war, dass es der Politik – wenn auch nicht den Staaten-gemeinschaften, so doch innerhalb der Nationalstaaten – gelang, im Schulter-schluss über die Parteien hinweg, die Gesundheit vor den wirtschaftlichen Profit zu stellen. Verantwortung für das Allgemeinwohl, Solidarität und Kooperation war möglich. Lange vor dem weltweiten Shutdown hätten wir von den Konzernen die freiwillige Einhaltung des solidarischen Gesellschaftsvertrages einklagen müssen, welcher gesamtgesellschaftliche Verantwortung übernimmt und nicht Profitjagd propagiert.

Die Einigkeit und Kooperation zwischen Parteien und Interessensverbänden war in der Zeit der großen Angst intensiv, hielt aber nicht lange an. Die demokratische Staatsform wurde auf eine harte Probe gestellt. Die deutsche Bundeskanzlerin bezeichnete die Krise sogar als „eine Zumutung für die Demokratie." Das Spannungsfeld zwischen der Unverletzlichkeit der Grundrechte des Einzelnen und dem gesamtgesellschaftlichen Wohl hat uns auf die Probe gestellt und vielfach wird zugestimmt, dass wir die Probe gut gemeistert haben. Die Krisenmanager haben einen hohen Vertrauensvorschuss seitens der Bevölkerung erlebt, weil die Krisengewinner nicht wie so oft die Parteien oder Konzerne, Lobbyisten und einzelne Interessensgruppen waren, sondern die Gesellschaft und vor allem die, die durch eine Infektion besonders gefährdet sind. Die wirtschaftlichen Schäden scheinen jetzt aber die sozial und wirtschaftlich schwächeren Bevölkerungsschichten deutlich stärker zu treffen als wohlsituierte Schichten. Dies gilt sowohl für Bildungschancen als auch für Arbeits- und Einkommenschancen. Paradoxerweise war der Krisenmotor zwar die Solidarität, die Krisenfolgen könnten aber die Schere zwischen Arm und Reich weiter auseinandertreiben. Wie können wir die Krise als Chance für Solidarität in der Gesellschaft nachhaltig nutzen?

4.7   Aufbruch in eine bessere Welt?

Die Corona-Krise entfaltet eine massive disruptive Kraft. Diese Kraft könnte für Maßnahmen gegen den Klimakollaps und für anhaltende Solidarität am Arbeitsmarkt, aber auch für Bildung und Digitalisierung genutzt werden.

Dass es möglich war, das Leben und die Arbeit über Nacht herunterzufahren, ist zu großen Teilen den digitalen Alternativen zu kommunizieren, zu arbeiten, zu konsumieren und sich weiterzubilden zu verdanken. Beinahe unvorstellbar wäre eine Zeit des Shutdowns, in welcher nicht zumindest digital kommuniziert werden konnte gewesen. Vielfach wurde aus der Not eine Tugend gemacht, indem neue Webshops entstanden, digitale Bildungstools ausgebaut wurden, Behördengänge und Rezeptvergabe digital erfolgen konnten oder diverse Kulturevents auf kreative Weise digital an die Haushalte vermittelt wurden. Aber: „Kultur aus der Dose" vermittelt, klingt doch ziemlich „blechern" und fremd. Trotzdem könnten viele Neuerungen Initialzündungen für nachhaltige Veränderungen sein.

Die Schließung von Fabriken und das geringere Verkehrsaufkommen während der Krise hatten unmittelbar eine Verbesserung der Luftqualität in vielen Metropolregionen zur Folge. Weltweit wurde registriert, dass klimaschützende Maßnahmen möglich und effektvoll sind. Die Krise könnte aber im Hinblick auf weitere Klimaschutzmaßnahmen unterschiedliche Auswirkungen haben: Zum einen könnten krisengebeutelte Staaten nun kein Budget mehr haben, sich während des wirtschaftlichen Wiederaufbaus auch um Klimaschutzmaßnahmen zu kümmern. Zum anderen hat die Investitionsbereitschaft zur Bekämpfung der wirtschaftlichen Schäden aufgezeigt, was möglich ist und dass es möglich ist. Die Nichtfinanzierbarkeit von Klimaschutz kann nicht länger als ernsthaftes Argument Bestand haben.

„Aus der Seuche entsteht etwas Neues", sagt Alexander Kluge (von Schirach und Kluge 2020, S. 44). Aber was? Wenn jede Krise Chancen bietet, werden wir sie nutzen? Wahrscheinlich werden wir in Zukunft mehr Zeit in der virtuellen Welt verbringen und mit der Digitalisierung in allen Lebensbereichen vertrauter werden. Vielleicht lernen wir, mit Unsicherheit zu leben und damit zurecht zu kommen. Werden wir den Wert von Gemeingütern schätzen und zum Wohle aller beitragen oder unseren individuellen Nutzen über alles stellen und dem Spiel des freien Marktes vertrauen? Werden wir die Probleme, die sich schon vor der Krise abzeichneten und die jetzt sichtbarer geworden sind, lösen: mangelnde Solidarität zwischen den Menschen im Land und zwischen Ländern, krasse Verteilungsungleichheit des Wohlstandes und zwischen Einkommensgruppen, zwischen Beschäftigten und Menschen ohne Arbeit, Chancenungleichheiten zwischen den Geschlechtern, zwischen Menschen verschiedener Hautfarben und Herkunft und vieles mehr? Werden wir Kooperation zur Maxime erheben oder Grenzen hochziehen und mit nationalem Stolz heilversprechenden Populisten folgen?

Was Sie aus diesem *essential* mitnehmen können

- Die Coronavirus-Pandemie stellt für Entscheidungsträger eine Situation unter Unsicherheit und Unwissenheit dar, in der es kein Patentrezept für zielgerichtetes Handeln gibt.
- Erleben und Verhalten während der Pandemie haben sich über die Zeit verändert.
- Maßnahmen zur Eindämmung der Krise und ihrer Folgen müssen auf Mikro-, Meso- und Makroebene betrachtet werden.
- Aus Sicht der Wirtschaftspsychologie können auch a-rationale menschliche Verhaltensweisen während der Krise erklärt werden.
- Die Krise wird sich auf die Wirtschaft und Gesellschaft nachhaltig auswirken.

Literatur

Brehm, S., & Brehm, J. (2013). *Psychological Reactance: A Theory of Freedom and Control*. Burlington: Academic Press.

Cialdini, R. (2017). *Die Psychologie des Überzeugens* (8. Auflage). Göttingen: Hogrefe.

Festinger, (2012, unveränderter Nachdruck der Ausgabe von 1978). *Kognitive Dissonanz*. Bern: Huber.

Fischhoff, B., & Beyth, R. (1975). "I knew it would happen": Remembered probabilities of once-future things. *Organizational Behavior & Human Performance, 13*, 1–16.

Gangl, K., Kastlunger, B., Kirchler, E., & Voracek, M. (2012). Confidence in the economy in times of crisis: Social representation of experts and laypeople. *Journal of Socio-Economics, 41*, 603–614.

Gärling, T., Kirchler, E., Lewis, A., & Van Raaij, F. (2009; published 2010). Psychology, financial decision making, and financial crises. *Psychological Science in the Public Interest, 10(1)*, 1–47.

Girard, R. (1988). *Der Sündenbock*. Einsiedeln: Benziger.

Jacob, S. (2004). *Soziale Repräsentationen und Relationale Realitäten*. Wiesbaden: Deutscher Universitätsverlag.

Kahneman, D. (2012). *Schnelles Denken. Langsames Denken*. München: Siedler.

Kahneman, D., & Riepe, M. W. (1998). Aspects of investor psychology. Beliefs, preferences, and biases investment advisors should know about. *Journal of Portfolio Management, 24*, 52–65.

Kahneman, D., & Tversky, A. (1979). Prospect theory: An analysis of decision under risk. *Econometrica, 47*, 263–291.

Kirchler, E., & Hoelzl, E. (2018). *Economic Psychology: An Introduction*. Cambridge: Cambridge University Press.

Kirchler, E., Hoelzl, E., & Wahl. (2008). Enforced versus voluntary compliance: the "slippery slope" framework. *Journal of Economic Psychology, 29*, 210–225.

Kübler-Ross, E. (1969). *On Death and Dying*. London: Routledge.

Lind, E. A., & Tyler, T. R. (1988). *The Social Psychology of Procedural Justice*. New York: Plenum.

Maslow, A. (1943). A theory of human motivation. *Psychological Review, 50*, 370–396.

© Der/die Herausgeber bzw. der/die Autor(en), exklusiv lizenziert durch
Springer Fachmedien Wiesbaden GmbH, ein Teil von Springer Nature 2020
E. Kirchler et al., *Psychologie in Zeiten der Krise, essentials*,
https://doi.org/10.1007/978-3-658-31271-8

Messick, D. M., & Brewer, M. B. (1983). Solving social dilemmas: A review. In: L. Wheeler & P. Shaver (Eds.), *Review of Personality and Social Psychology* (Vol. 4, pp. 11–44). Beverly Hills: Sage.

Moscovici, S. (1984). The phenomenon of social representations. In R. M. Farr & S. Moscovici (Eds.), *Social Representations* (pp. 3–69). Cambridge, UK: Cambridge University Press.

Moscovici, S. (2000). *Social Representations: Explorations in Social Psychology.* Cambridge, UK: Polity Press.

Orlean, A. (1992). Contagion of opinion in financial markets. *Revue Economique, 43,* 685–698.

Palaver, W. (2008). René Girards mimetische Theorie. Im Kontext kulturtheoretischer und gesellschaftspolitischer Fragen. Münster: LIT.

Reicher, S., & Stott, C. (2020). Policing the coronavirus outbreak: Processes and prospects for collective disorder. *Policing: A Journal of Policy and Practice,* https://doi.org/10.1093/police/paaa014.

Samuelson, W., & Zeckhauser, R. (1988). Status quo bias in decision making. *Journal of Risk & Uncertainty, 1,* 7–59.

Schwarz, N., Bless, H., Strack, F., Klumpp, G., Rittenauer-Schatka, H., & Simons, A. (1991). Ease of retrieval as information: Another look at the availability heuristic. *Journal of Personality and Social Psychology, 61*(2), 195–202.

Seligman, M. (1990). *Learned Optimism.* New York: Knopf.

Sibley, C. G., Greaves, L. M., Satherley, N., Wilson, M. S., Overall, N. C., Lee, C. H. J., Milojev, P., Bulbulia, J., Osborne, D., Milfont, T. L., Houkamau, C. A., Duck, I. M., Vickers-Jones, R., & Barlow, F. K. (2020). Effects of the COVID-19 Pandemic and Nationwide Lockdown on Trust, Attitudes Toward Government, and Well-Being. *American Psychologist.* Advance online publication. http://dx.doi.org/10.1037/amp0000662.

Tajfel, H., & Turner, J. C. (1986). The social identity theory of intergroup behaviour. In S. Worchel & W. G. Austin (Eds.), *Psychology of Intergroup Relations* (pp. 7–24). Chicago: Nelson-Hall.

Thaler, R. H., & Sunstein, C. R. (2008). *Nudge: Improving Decisions about Health, Wealth, and Happiness.* New Haven: Yale University Press.

Temzelides, T. (1997). Evolution, coordination, and banking panics. *Journal of Monetary Economics, 40,* 163–183.

Tversky, A., & Kahneman, D. (1974). Judgment under uncertainty: Heuristics and biases. *Science, 185,* 1124–1131.

Van Bavel, J. J., Baicker, K., Boggio, P., Capraro, V., Cichocka, A., Crockett, M., … Willer, R. (2020). Using social and behavioural science to support COVID-19 pandemic response. https://doi.org/10.31234/osf.io/y38m9.

Von Schirach, F., & Kluge, A. (2020). *Trotzdem.* München: Luchterhand.

Wacker, A. (1983). *Arbeitslosigkeit. Soziale und psychische Folgen*: Frankfurt am Main: Europäische Verlagsgesellschaft.

Wenzel, M. (2003). Tax compliance and the psychology of justice: Mapping the field. In V. Braithwaite (Ed.), *Taxing Democracy. Understanding Tax Avoidance and Evasion* (pp. 41–69). Aldershot, UK: Ashgate.

Zunin, L. M., & Myers, D. (2000). *Training Manual for Human Service Workers in Major Disasters.* 2nd ed. Washington, DC: Department of Health and Human Services, Substance Abuse and Mental Health Services Administration, Center for Mental Health Services.

Medienberichte und Internetquellen

Assheuer, T. (25.03.2020). Die Heimsuchung. *Die Zeit*. https://www.zeit.de/2020/14/pandemien-seuchen-metapher-zivilisation-popkultur [abgerufen am 25.03.2020].

Baltaci, K. (04.03.2020). Coronavirus: Vier Gründe, warum Europäer weniger stark betroffen sind. *Die Presse*. https://www.diepresse.com/5778636/coronavirus-viergrunde-warum-europaer-weniger-stark-betroffen-sind [abgerufen am 04.03.2020].

COSMO (14.06.2020). COVID-19 Snapshot Monitoring (COSMO). https://projekte.unierfurt.de/cosmo2020/cosmo-analysis.html#1_zusammenfassung_und_empfehlungen [abgerufen am 14.06.2020].

Der Standard (29.05.2020). Corona Maßnahmen: Ihre Erfahrungen mit der Polizei. *Der Standard*. https://www.derstandard.at/story/2000116740663/corona-massnahmen-ihre-erfahrungen-mit-der-polizei [abgerufen am 29.05.2020].

ECUSA (27.05.2020). Ergebnisse EUCUSA Homeoffice-Check: Stimmungslage im Homeoffice in der Corona-Krise. *EUCUSA*. https://eucusa.com/at/2020/05/28/ergebnisse-eucusa-homeoffice-check-stimmungslage-im-homeoffice-in-der-corona-krise/ [abgerufen am 10.06.2020].

Gaigg, V., & Müller, W. (18.03.2020). Frauenhäuser warnen vor Anstieg häuslicher Gewalt während Corona-Krise. *Der Standard*. https://www.derstandard.at/story/2000115848899/frauenhaeuser-warnen-vor-anstieg-der-haeuslichen-gewalt-waehrend-corona-krise [abgerufen am 05.06.2020].

Habermas, J. (10.04.2020). Jürgen Habermas über Corona: „So viel Wissen über unser Nichtwissen gab es noch nie". *Frankfurter Rundschau*. https://www.fr.de/kultur/gesellschaft/juergen-habermas-coronavirus-krise-covid19-interview-13642491.html [abgerufen am 10.04.2020].

Handelsblatt (04.06.2020). Diese Änderungen greifen bei der Mehrwertsteuer. https://www.handelsblatt.com/politik/deutschland/corona-konjunkturpaket-diese-aenderungen-greifen-bei-der-mehrwertsteuer/25887366.html?ticket=ST-2637455-hTafFB0hu5aTzcuveOsf-ap2 [abgerufen am 12.06.2020].

Hobfoll, S. E., Watson, P., Bell, C. C., Bryant, R. A., Brymer, M. J., Friedman, M. J., Friedman, M., Gersons, B. P. R., de Jong, J. T. V. M., Layne, C. M., Maguen, S., Neria, Y., Norwood, A. E., Pynoos, R. S., Reissman, D., Ruzek, J. I., Shalev, A. Y., Solomon, Z., Steinberg, A. M., & Ursano, R. J. (2007). Five essential elements of immediate and mid-term mass trauma intervention: Empirical evidence. *Psychiatry, 70*(4), 283–315.

Horx, M. (05.06.2020). Die Welt nach Corona. https://www.horx.com/48-die-welt-nach-corona/ [abgerufen am 05.06.2020].

Illouz, E. (24.03.2020). Die Zeit danach. *Süddeutsche Zeitung*. https://www.sueddeutsche.de/kultur/corona-eva-illouz-gesellschaftsvertrag-wirtschaft-kapitalismus-1.4854397?reduced=true [abgerufen am 24.03.2020].

Jetten, J., Reicher, S. D., Haslam, S. A., & Cruwys, T. (2020). *Together Apart. The Psychology of COVID-19*. London: Sage.

Kurier (14.05.2020). Coronakrise: UNO warnt vor psychischen Störungen. *Kurier*. https://kurier.at/wissen/coronakrise-uno-warnt-vor-psychischen-stoerungen/400841291b [abgerufen am 14.05.2020].

Leggett, R. (05.03.2020). Verbrauchersorge „Corona": Produktqualität und -wirksamkeit gewinnen an Bedeutung – Preissensitivität nimmt ab. *Nielsen*. https://www.nielsen.com/ at/de/insights/article/2020/verbrauchersorge-corona-produktqualitat-und-wirksamkeit-gewinnen-an-bedeutung-preissensitivitat-nimmt-ab/ [abgerufen am 20.04.2020].

ORF (29.05.2020). *Opposition will rasche Brenner-Öffnung*. https://tirol.orf.at/stories/3050960/ [abgerufen am 29.05.2020].

OENB (09.06.2020). https://www.oenb.at/isaweb/report.do?lang=EN&report=10.11 [abgerufen am 09.06.2020].

Palmer, B. (28.04.2020). Wir retten möglicherweise Menschen, die in einem halben Jahr sowieso tot wären. *Welt*. https://www.welt.de/politik/deutschland/article207575263/ Boris-Palmer-Retten-Menschen-die-in-halbem-Jahr-sowieso-tot-waeren.html [abgerufen am 28.04.2020].

Riedl, D. (02.06.2020). Weltbank: Corona stürzt 2020 mindestens 60 Millionen Menschen in die Armut. *Handelsblatt*, https://www.handelsblatt.com/politik/konjunktur/nach-richten/folgen-der-pandemie-weltbank-corona-stuerzt-2020-mindestens-60-millionen-menschen-in-die-armut/25880284.html [abgerufen am 02.06.2020].

Scherndl, G. (09.04.2020). Corona-Maßnahmen im Altersheim: Geschützt, eingesperrt und isoliert. *Der Standard*. https://www.derstandard.at/story/2000116290605/ coronamassnahmen-im-altersheimeinsamkeit-versus-freiheit [abgerufen am 09.04.2020].

Schnauder, A. (15.03.2020). Österreicher bunkern wegen Corona-Krise vermehrt Bargeld. *Der Standard*. https://www.derstandard.at/story/2000115769045/oesterreicher-bunkern-wegen–krise-vermehrt-bargeld [abgerufen am 15.03.2020].

Teledisko (03.06.2020). www.teledisko.com [abgerufen am 03.06.2020].

WHO (26.03.2020-a). *WHO erklärt COVID-19-Ausbruch zur Pandemie*. http://www. euro.who.int/de/health-emergencies/-covid-19/news/news/2020/3/who-announces-covid-19-outbreak-a-pandemic [abgerufen am 26.03.2020].

WHO (26.03.2020-b). COVID-19 and violence against women What the health sector/system can do. https://www.who.int/reproductivehealth/publications/emergencies/COVID-19-VAW-full-text.pdf [abgerufen am 27.05.2020].

Die Wirtschaftspsychologie
Felix C. Brodbeck · Erich Kirchler · Ralph Woschée *Hrsg.*

Cornelia Gerdenitsch
Christian Korunka

Digitale Transformation der Arbeitswelt

Psychologische Erkenntnisse
zur Gestaltung von aktuellen
und zukünftigen Arbeitswelten

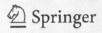 Springer

Printed in the United States
By Bookmasters